AF814231

Thomas Klaffke

Klassenführung neu denken

Classroom Management in herausfordernden Zeiten

Klett | Kallmeyer

Thomas Klaffke

Klassenführung neu denken

Classroom Management in herausfordernden Zeiten

Klett | Kallmeyer

Bibliografische Information der Deutschen Nationalbibliothek
Die Deutsche Nationalbibliothek verzeichnet diese Publikation in der Deutschen Nationalbibliografie; detaillierte bibliografische Daten sind im Internet über http://dnb.d-nb.de abrufbar.

Impressum

Thomas Klaffke
Klassenführung neu denken
Classroom Management in herausfordernden Zeiten

1. Auflage 2024

Das Werk und seine Teile sind urheberrechtlich geschützt. Jede Nutzung in anderen als den gesetzlich zugelassenen Fällen bedarf der vorherigen schriftlichen Einwilligung des Verlages.

© 2024. Kallmeyer in Verbindung mit Klett
Friedrich Verlag GmbH
Luisenstr. 9
D-30159 Hannover
Alle Rechte vorbehalten.
www.friedrich-verlag.de

Redaktion: Dirk Haupt, Berlin
Fotos / Abbildungen: Thomas Klaffke, Bammental
Coverfoto: © Friedberg/stock.adobe.com
Realisation: Frederieke Ruberg
Druck: Beltz Grafische Betriebe, Bad Langensalza
Printed in Germany

ISBN: 978-3-7727-1756-7

Die automatisierte Analyse des Werkes, um daraus Informationen insbesondere über Muster, Trends und Korrelationen gemäß § 44b UrhG („Text- and Datamining") zu gewinnen, ist untersagt.

Vorwort

„Hört denn das niemals auf?" – So der Stoßseufzer einer jungen Lehrerin kurz vor den Weihnachtsferien, der vom Schulleiter gerade die Krankmeldung einer Kollegin mitgeteilt wurde, mit der sie an diesem Tag im Lernlabor des 6. Jahrgangs eingesetzt ist. Seit Wochen ist die Personalsituation an der Schule schwierig: Auf die Coronawellen folgten die Grippewelle und der RS-Virus, und kurzfristige Vertretungen zu finden, wenn bis zu einem Drittel der Lehrkräfte ausfallen, ist schwierig. Ohnehin ist die Personaldecke knapp, und schon bei der Aufnahme von aus der Ukraine geflüchteten Kindern und Jugendlichen geht die Schule bis an die Grenzen ihrer Möglichkeiten, denn hier mussten in kurzer Zeit Gruppen oder Klassen zur Sprachförderung gebildet werden. Dabei gibt es bereits viele Schülerinnen und Schüler mit Förderbedarf besonders beim Erlernen der deutschen Sprache, weshalb ich seit den Herbstferien einmal wöchentlich in diesem Jahrgang ehrenamtlich mitarbeite. Heute bin ich dann nicht nur in einer Kleingruppe, sondern in einer der beiden Klassen eingesetzt und merke wieder mal, wie anspruchsvoll eine solche Klassenleitung ist. Dabei arbeiten die allermeisten gut mit und es gibt wenig Störungen, aber wie soll ich allen gerecht werden? Neben drei inklusiv beschulten Kindern, für die es nur wenige Stunden sonderpädagogischer Unterstützung gibt und die im Grunde nicht wissen, wie sie die gestellte Aufgabe anpacken sollen, gibt es solche, die damit längst fertig sind und neues „Futter" brauchen. Andere quälen sich damit, irgendetwas zu Papier zu bringen. In der Klasse sind Kinder mit Eltern aus 15 verschiedenen Nationen. Wenn es um die Planungen für das Weihnachtsessen geht, kommen lebhafte Diskussionen mit einer beeindruckenden Vielfalt von Gerichten und Rezepten zustande. Immerhin kann ich einige Schnellere zur Unterstützung anderer einsetzen. Bei Alexander[1] nützt das aber auch nichts. Er ist den Tränen nahe. Seine Eltern machen sich Sorgen wegen der hohen Strom- und Heizkosten und haben Angst vor einer Kündigung der Wohnung, weil sie mit der Miete im Rückstand sind. Viele Kinder kommen aus Familien am unteren Einkommensspektrum, die in viel zu kleinen Wohnungen leben. Eine syrische Familie (die Eltern waren in ihrem Heimatland Lehrer) lebt seit vielen Jahren zu sechst in einer 2,5-Zimmer-Wohnung einer Flüchtlingsunterkunft, die immerhin recht neu ist.

Die Schulen und Klassenzimmer lassen sich gegen solche Sorgen und Probleme nicht abschotten. Wenn man die letzten drei Jahre zurückgeht, lebten alle seit März 2020 im permanenten Ausnahmezustand: Schulschließungen, Fernunterricht, geteilte Klassen, Rückkehr in die Schulen nach den Sommer-

1 Alle Namen von Schülerinnen und Schülern sind im Buch geändert.

ferien 2020 mit täglichen Coronatests, erneute Schulschließungen im Winter. Im Folgejahr gab es Phasen, die sich fast normal anfühlten, bis dann die Omikron-Variante des Covid-19-Virus im Dezember eine neue Ansteckungswelle brachte und die Invasion der russischen Armee am 24. Februar 2022 mehr als eine Million Menschen aus der Ukraine zur Flucht zwang, was eine erneute Integrationsphase notwendig machte, wobei die Kinder, die in den Jahren 2015/2016 zu uns kamen, auch noch nicht zufriedenstellend integriert sind, was aus allen empirischen Untersuchungen, auf die ich im ersten Kapitel eingehen werde, belegt wird.

„Hört das denn niemals auf?" Der Kölner Psychologe Stephan Grünewald vom „rheingold Institut" prägte das Wort Krisenpermanenz, für mich eher ein Wortungetüm, das ein Gefühl ausdrückt, das auch für alle zutrifft, die mit Schule zu tun haben.

Dass Kinder und Jugendliche in solchen Zeiten mit den gewohnten Lehr- und Lernmethoden nicht so erfolgreich sein konnten wie bisher, dass viele erhebliche Lernrückstände haben, verwundert mich nicht. Dies nur auf die unzureichende Digitalisierung in Deutschland zurückzuführen, greift meiner Meinung nach zu kurz. Aber das ist auch nicht Thema dieses Buches. Mir geht es eher um die pädagogische Dimension. Schon nachdem die Schülerinnen und Schüler aus dem ersten Lockdown während der Coronapandemie in die Schulen zurückgekehrt waren und deutlich wurde, dass wir es mit einer neuen Problemlage zu tun haben, beschäftigte mich in Schulberatungen, Fortbildungen und Publikationen die Frage, was dazu verhelfen könnte, die schwieriger gewordene Situation in Klassenzimmern, in Lernateliers und auch im Fachunterricht zu bewältigen. Mit den herkömmlichen Methoden und Werkzeugen des Classroom Managements, die oft auf klare Regeln, effektive Abläufe, Verhaltensmaßnahmen usw. ausgerichtet sind, wird dies kaum gelingen. Die Kinder und Jugendlichen brauchen uns gerade jetzt als Halt- und Ratgebende, sie brauchen Erwachsene, die mit ihrer gesamten Persönlichkeit da sind, die aber auch ihre eigenen Grenzen erkennen und einhalten können. Daher sind gute Fundamente für das Classroom Management wichtig: Lehrkräfte mit persönlicher Autorität, die konstruktiv Beziehungen mit den Lernenden eingehen und ihnen dazu verhelfen, auch miteinander gut klarzukommen. Hier sollen nicht nur Einsichten und Reflexionen ermöglicht, sondern auch Werkzeuge angeboten werden, die für den Schulalltag hilfreich sind. Wer unmittelbare Hilfen für die Praxis der Klassenführung sucht, kann gleich mit Kapitel 3 beginnen und die einleitenden Kapitel später lesen, in denen es um die Beschreibung der Problemlage (Kapitel 1) und mögliche Richtungen für Lösungsansätze (Kapitel 2) geht.

1 Herausforderungen

„Ich fühlte mich aus dem Leben gerissen!"
(Luca, 16, Zehntklässler einer Gemeinschaftsschule)

Wie hat sich die Situation in den Schulen und Klassen nach der Coronapandemie und in den Krisenzeiten verändert? Welche Herausforderungen stellen sich damit den Lehrkräften und dem pädagogischen Personal?

Wenn Sie, liebe Leserin, lieber Leser, die jetzige Situation mit der Situation vor Corona vergleichen, was fällt Ihnen dazu ein? Und wenn Sie später in den Beruf gekommen sind, können Sie die Situation bei Ihrem Berufseinstieg mit der jetzigen vergleichen.

A

Notieren Sie 4 – 5 Stichpunkte zu dieser Frage. Fokussieren Sie sich nicht nur auf Negatives, sondern denken Sie darüber nach, ob es auch positive Veränderungen gegeben hat.
Vergleichen Sie Ihre Überlegungen mit den folgenden Wahrnehmungen von Lehrkräften und Schulleitungen, die ich in den letzten zwei Jahren bei Fortbildungen und Beratungen gesammelt und dann systematisiert habe. Kreuzen Sie das an, was Ihren Beobachtungen entspricht. In der Leerzeile können Sie ergänzen!

- ☐ Die Schere zwischen den Lernenden, die gut durch die Krisenzeiten kommen, und den anderen, denen es nicht so gut gelingt, ist größer geworden.
- ☐ Die Lernrückstände eines Teils der Schülerschaft sind erheblich.
- ☐ Ein Teil der Lernenden hat eine deutlich höhere Problembewältigungskompetenz als vorher.
- ☐ Die psychischen Belastungen der Kinder und Jugendlichen haben zugenommen.
- ☐ Besonders bei den Mädchen gibt es mehr Fälle von Rückzug und Absentismus als vorher.
- ☐ Bei einem Teil der Lernenden ist eine höhere Selbstständigkeit zu erkennen.
- ☐ Bei einem Teil der Lernenden ist eine größere Bereitschaft zur Übernahme von Verantwortung zu erkennen.
- ☐ Das Klassengefüge muss nach den Zeiten der Schulschließung neu austariert werden, viele sind auf der Suche nach ihrem Platz darin, einige müssen erst wieder lernen, wie man sich in einer Gemeinschaft verhält.
- ☐ Bei den Lernenden haben die Zeiten des Fernunterrichts zu einer erhöhten digitalen Kompetenz beigetragen.

- ☐ In den Klassen ist eine erhöhte Unruhe zu konstatieren – möglicherweise Folge von Bewegungsmangel und übergroßem Gebrauch digitaler Medien.
- ☐ Der vermehrte Gebrauch digitaler Medien hat sich negativ auf die Lesekompetenz ausgewirkt.
- ☐ Die häusliche Situation wirkt sich (sowohl positiv als auch negativ) stärker auf die Klassen aus.
- ☐ Besonders die Klassenleitungen müssen erheblich mehr Zeit und Energie auf die soziale Situation in den Klassen und auf Konflikte verwenden.
- ☐ Besonders viel Zeit und Aufmerksamkeit erfordern die Folgen von Cybermobbing.
- ☐ Es gibt deutlich mehr Schülerinnen und Schüler, die anderen gegenüber, denen es nicht so gut, geht Hilfs- und Unterstützungsbereitschaft zeigen.
- ☐ ______________________________

Diesen Fragebogen finden Sie auch in den Downloadmaterialien Nr. 1.

Zu den beschriebenen Veränderungen wird es in den nächsten Jahren vermutlich noch etliche wissenschaftliche Studien geben, die beim Verfassen dieses Manuskripts noch nicht oder nur zu einigen Aspekten vorlagen.

Ich möchte den Versuch unternehmen, die oben aufgeführten subjektiven Wahrnehmungen in den Kontext von Befragungen und wissenschaftlichen Diskursen zu stellen, um daraus Ansätze für Lösungen abzuleiten und vor allem neue Konzepte und Instrumente für Klassenführung und Klassenleitung zu entwickeln.

1.1 Die Situation nach den Schulschließungen

Erste Beobachtungen nach den Sommerferien 2020 ließen darauf schließen, dass viele Lernende nach den Zeiten des Distanzunterrichts froh waren, wieder in die Schule kommen zu können und ihre Klassen (die teilweise vorher geteilt unterrichtet wurden) wiederzusehen. Entsprechend konstruktiv und positiv schien „das Betriebsklima" vieler Klassen gewesen zu sein.

Man sollte aber auch nicht unterschlagen, dass die (scheinbare) Rückkehr zum Normalbetrieb vielen Schulen zu schnell ging, vor allem solchen Schulen, die schon vor der Coronapandemie (beginnend Anfang des Jahres 2020) Konzepte für das digitale Lernen entwickelt und auch die technischen Voraussetzungen dafür geschaffen hatten. So äußerte sich beispielsweise Maike Schubert, die Schulleiterin der Hamburger Stadtteilschule Winterhude, in einem Interview:

> „Wir hätten gerne die Kinder, die zu Hause wirklich besser gelernt hatten und für deren Eltern das so in Ordnung war, gerne zu Hause gelassen. Wir hatten die technischen Möglichkeiten dafür. Wir hatten tatsächlich schon überlegt, ob man [...] Blended-Learning-Modelle einbauen könnte, also ob man die Anwesenheit im Schulgebäude flexibler gestalten kann. [...] Es gibt Kinder, die haben im Fernunterricht erheblich besser gelernt als in der Schule [...] Aber die Bildungsbehörde hat sich damals nicht getraut, die Präsenzpflicht aufzuheben." (Klasse leiten 15 / 2021, S. 10)

Für einen Großteil der Kinder und Jugendlichen brachte der Fernunterricht jedoch eine Reduzierung der sozialen Kontakte mit sich. Kooperation und Interaktion waren meistens auf die eigene Familie und die „Kacheln" in den Videoplattformen beschränkt. Arbeitsphasen mit Zufallspartnerinnen und -partnern, in denen man lernen kann, mit unterschiedlichen Verhaltensweisen, Meinungen, Perspektiven klarzukommen und unterschiedliche Interessen auszutarieren, waren selten und kamen vermutlich eher bei Schulen mit ausgereiften Konzepten für digitalen Unterricht vor. Die Lehrkräfte waren außerordentlich gefordert, die einzelnen Lernenden nicht aus den Augen zu verlieren (nur zu 38 Prozent der Schülerinnen und Schüler konnte regelmäßiger Kontakt aufrechterhalten werden – s. Bildungsbericht 2022, S. 152), die Gemeinschaft zu pflegen und gleichzeitig für die Umsetzung der Lehrpläne zu sorgen. Dies schlug sich auch in einer erhöhten Nachfrage zu Fortbildungen nieder, in denen es um Digitalisierung der Bildung ging.

Eine zweite deutlich wahrnehmbare Folge der Schulschließungen waren soziale Disparitäten. Auf der einen Seite gab es Lernende, die zu Hause Unterstützung und gute technische Möglichkeiten zur Verfügung hatten, auf der anderen Seite die „Corona-Verlierer", die diese Möglichkeiten nicht hatten und deren Lernausgangslage sich verschlechterte, deren Lernzeit sich auf 3 bis 4 Stunden gegenüber 7 bis 8 Stunden vor den Schulschließungen reduzierte (vgl. Die Zeit 33/2020, S. 25). Eine Studie aus den Niederlanden ergab, dass 7- bis 11-jährige Kinder bei einer achtwöchigen Schulschließung in den Kernfächern und -kompetenzen drei Prozentpunkte gegenüber dem zu erwartbaren Lernzuwachs eines Schuljahres verloren hatten, dass die Lernverluste bei Kindern aus bildungsbenachteiligten Elternhäusern allerdings wesentlich höher lagen.[2] Dabei hatte hier der Lockdown nicht so lange wie in Deutschland gedauert, und der Stand der Digitalisierung war weitaus besser als in Deutschland. Eine Metaanalyse eines Teams um den Soziologen Bastian Betthäuser kam zu dem Ergebnis, dass sich bei Lernenden infolge der Pandemie im Schnitt 35 % weniger Lernzuwachs ergab als in anderen Schul-

2 https://osf.io/preprints/socarxiv/ve4z7/, recherchiert am 13.01.2023

jahren.[3] Klaus Zierer fasst die Ergebnisse der vorliegenden Studien wie folgt zusammen:

> „In allen untersuchten Ländern haben die Schulschließungen mit Distanzunterricht zu einem negativen Effekt auf Schülerinnen und Schüler geführt. [...] In der Primarstufe sind die Lernrückstände vergleichbar mit einem Verlust von bis zu einem halben Schuljahr. [...] Der Rückgang der schulischen Leistungen ist damit größer als die Zeit des Lockdowns selbst, weil sich die Lernrückstände im Lauf des Schuljahres aufgrund fehlender pädagogischer Unterstützungsmaßnahmen noch weiter verstärkten."
>
> (Zierer 2021, S. 29)

Weiterhin stellte er fest, dass die Auswirkungen in bildungsfernen Milieus noch stärker und ethnische Minderheiten sowie einkommensschwache Familien besonders betroffen seien (ebd.; s. auch folgenden Beispielkasten).

B

Beispiel für Lernlücken, die auf die Zeit der Schulschließungen zurückgehen

Im „Lernbüro" des 6. Jahrgangs versucht Caroline, die Matheaufgaben des Wochenplans zu lösen. Sie ruft mich zu Hilfe. „Wie rechnet man einen Rauminhalt aus?" Sie versteht, dass zu den Seiten der Grundfläche noch die Höhe dazukommt und dass sie 12 x 3 x 8 ausrechnen muss. Das kann sie aber nicht. In der Grundschule hätten sie jedes Jahr eine andere Mathelehrerin gehabt und in der Coronazeit saß sie alleine zu Hause. Ihre Mama sei Altenpflegerin und ihr Papa Bauarbeiter, und beide wären den ganzen Tag arbeiten gegangen und abends müde. Sie hätten nur gefragt, ob sie ihre Aufgaben erledigt hätte, wozu sie immer „Ja" gesagt hätte, denn sie wollte sie nicht stressen. Es habe keinen Unterricht per Video gegeben, nur Arbeitsblätter per E-Mail, die sie wieder zurückgeschickt hätte. Und das Einmaleins hätte sie nicht gelernt. Ob denn die Mathelehrerin das nicht bemerkt hätte, frage ich. Nee, die Lösungen hätte sie immer im Klassenchat bekommen ...

Die Erkenntnisse der IQB-Studie 2021 wurden von der Bundesbildungsministerin als „alarmierend" bezeichnet – mich haben sie nicht überrascht. Demnach sei der Anteil der Schülerinnen und Schüler, die den Regelstandard in Deutsch und Mathematik erreichten oder übertrafen, weiter gesunken. Dagegen stieg der Anteil derer, die den Mindeststandard nicht erreichten. Ein Viertel der Grundschulkinder erreicht nicht den Mindeststandard der für den Übergang zu weiterführenden Schulen notwendigen Lesekompetenz.

3 https://deutsches-schulportal.de/bildungswesen/news-blog-corona-neues-schuljahr, recherchiert am 20.10.2023.

Der Zusammenhang zwischen dem Kompetenzniveau und der sozialen Lage stieg besonders bei Kindern mit Migrationsgeschichte (vgl. Erziehung & Wissenschaft 12/22–01/23, S. 28).

Der Bildungsbericht 2022 kommt zu der Einschätzung, „dass die individuellen Unterstützungsmöglichkeiten des schulischen Lernraums und damit ein wichtiger Kontext zur Kompensation ungleicher Ausgangslagen für die Kompetenzentwicklung von Kindern und Jugendlichen weiter an Bedeutung gewinnen werden" (S. 155).

Mindestens genauso gravierend wie die Lernverluste, die von den Medien immer wieder gerne aufgegriffen werden, sind die Rückschläge in der sozialen Einbindung bei den „Corona-Verlierern". Von einer Schule, die ich beraten habe und deren Schülerinnen und Schüler zum großen Teil aus bildungsbenachteiligten Familien kommen, weiß ich, dass die Lehrkräfte sich mit den Kindern ihrer Klassen zum Teil im Park trafen oder die Aufgaben zu Hause vorbeibrachten, weil es hier nur ein Smartphone für die ganze Familie gab. Diese Lehrkräfte waren oft die einzige Verbindung nach außen.

> „Lehrkräfte und pädagogische Mitarbeiter:innen (vielleicht auch Hausmeister und Sekretärinnen) sind oft die einzigen Bezugspersonen außerhalb des gewohnten Milieus, die ermutigen, fördern und fordern, unterstützen und aufmunternde Worte finden. Wenn all dies und auch der Kontakt zu Gleichaltrigen wegfällt, kann das Leben sehr trist werden." (Friedrichs u. a. 2021, S. 7)

Erste Studien aus dieser Zeit zeigten, dass das psychische Wohlbefinden von Kindern und Jugendlichen schon in den ersten Krisenmonaten gelitten und psychosomatische Auffälligkeiten in dieser Altersgruppe zugenommen hatten.[4] Auch Hinweise auf steigende häusliche Gewalt verdichteten sich.

In Schulen mit solchen Problemlagen verflüchtigte sich die Wiedersehensfreude nach Ende des Lockdowns rasch, Konflikte und Unterrichtsstörungen nahmen zu, das „eingeübte soziale Ballett sei völlig aus dem Tritt geraten", schrieb die Kolumnistin Ulrike Ammermann auf dem Deutschen Schulserver.[5] Folglich gab es Ende des Jahres auch wieder vermehrt Nachfrage nach Fortbildungen zu Klassenführung und Unterrichtsstörungen.

---

4 vgl. https://www.uke.de/allgemein/presse/pressemitteilungen/detailseite_96962.html, recherchiert am 11.01.2023

5 vgl. https://deutsches-schulportal.de/kolumnen/die-klassengemeinschaft-ist-aus-den-fugen-geraten/?utm_source=+CleverReach+GmbH+%26+Co.+KG&utm_medium=email&utm_campaign=Newsletter++KW+43%2F2021&utm_content=Mailing_13099131, recherchiert am 11.01.2023

1.2 Die Zeit der Krisenpermanenz

Nach einem zweiten Lockdown und einer Phase der Normalisierung infolge der Zunahme von Schutzimpfungen kam es im Winter 2021/2022 zu einer neuen Coronawelle mit vielen Erkrankungen, der Pflicht zur Testung der Klassen und Quarantänezahlen von bis zu 20 % bei Lehrenden und Lernenden (Bildungsbericht 2022, S. 150). Viel Unterrichtszeit ging durch die permanenten Coronatests verloren, und man sollte bei den gegenwärtigen Klagen über die bei den diversen Lernstandserhebungen deutlich werdenden Verschlechterungen immer wieder die Frage stellen, warum eigentlich die Lehrkräfte diese Coronatests durchführen mussten. (In anderen Staaten wurde hierzu medizinisches Personal eingesetzt!) Da oft versucht wurde, den Unterricht für die Eingangs- und die Abschlussklassen aufrechtzuerhalten, waren von den Schulschließungen vor allem die Klassenstufen 6 bis 9 betroffen, also oft die Kinder und Jugendlichen in der Pubertät, in denen die Peergroup besonders wichtig ist, um seine Rolle in der Gemeinschaft finden und verändern zu können. Dies war für viele kaum noch möglich, da sie nicht einmal Zugang zum Internet hatten, und wenn sie ihn hatten, erlebten sie oft Lästereien im Klassenchat über ihr Aussehen. Wer ist „in" und wer ist „out", beschäftigt vor allem die Mädchen nicht erst seit Corona. Kein Wunder, dass Cybermobbing stark zugenommen hat.

Ein weiteres Problem entstand dadurch, dass an etlichen Schulen, besonders an Gymnasien, versucht wurde, die Lernrückstände schnell wieder aufzuholen. Für die Schülerinnen und Schüler bedeutete dies, dass sie in kurzer Zeit viel Wissen erwerben und viele Tests und Klassenarbeiten schreiben mussten. Der Bildungsjournalist Reinhard Kahl nannte dies „Bulimie-Lernen", das es schon vor Corona gab, das aber jetzt besonders bedenklich ist, da die psychische Stabilität der Lernenden volatiler geworden ist.

B

Rückkehr des bulimischen Lernens?

Unter der Überschrift „Schule macht krank" berichtete das Magazin „chrismon" im Mai 2023 von Leipziger Schülerinnen und Schülern, die mit einer Reihe von Briefen ihre Situation geschildert haben. So schrieb eine 18-Jährige: *„Ich konnte mich immer gut anpassen an das Schulsystem. Ich bin sehr ehrgeizig. Aber wenn ich Stress habe, wird mir übelst schlecht. Ich denke, ich muss mich komplett übergeben. Das war früher nicht so. [...] Ich war seit Oktober fünfmal krank – Erkältungen, Grippe, Angina. Dadurch hatte ich noch mehr Stress, denn ich musste Stoff nachholen und Klausuren nachschreiben. [...] Ich mag Schule, lerne gerne, aber nicht so. Schule besteht aus Frontalunterricht. Jemand steht vorn und es wird erwartet, dass du das, was die Person erzählt, in der Woche darauf komplett kannst."*

„Lernen, lernen, lernen! Druck, Druck, Druck!“ Das sei die Stimmung unter den Schülerinnen und Schülern. 70 % seien nach eigener Einschätzung depressiv. Fazit eines 17-Jährigen: *„Aber die Schule bringt mir bei: Du bist krank? Macht nichts! Komm trotzdem.“* (chrismon 5 / 2023, S. 12 ff.)

Die Pandemie wurde teilweise vom Ukrainekrieg, dem Zuzug von Geflüchteten, der Inflation, den steigenden Energiepreisen und dem immer deutlicher werdenden Klimawandel überlagert. All dies wurde im Winter 2022/2023 durch eine nie erlebte Welle verschiedener Infektionen (RS-Virus, Influenza, Corona) verschärft, was zu zahlreichen Krankmeldungen von Lehrkräften führte. Die Unberechenbarkeit der Welt, die Komplexität der Konflikte und die Herausforderung, angesichts solcher Belastungen stets funktionieren zu müssen, setzen nicht nur die Erwachsenen unter Druck, wie folgendes Beispiel zeigt: Bei einer Gruppenarbeit bricht Abdul in Tränen aus. In der Pause hat er eine WhatsApp seiner Mutter gelesen. Der Vermieter will am Nachmittag kommen, er soll früher nach Hause gehen, da sie nicht so gut Deutsch kann. Abdul hat Angst, dass die Familie ausziehen muss, da sie mit der Zahlung der Nebenkosten im Verzug sei. Ich versuche, ihn zu beruhigen, vielleicht geht es ja darum, eine andere Lösung zu finden, z. B. eine Ratenzahlung. Aber seine Angst kann ich damit nicht auflösen.

Die Sozialarbeiterin der Schule berichtet, dass viele Kinder solche und ähnliche Probleme hätten. So viele psychosomatische Beschwerden, so viele Fälle von Panikattacken und selbstverletzendes Verhalten hätte es noch nie gegeben (Rhein-Neckar-Zeitung, 26.07.2022, S. 3). Diese subjektiven Wahrnehmungen decken sich mit Umfragen und ersten vorläufigen Studien. In Baden-Württemberg ist die Zahl der 10- bis 14-jährigen Mädchen mit erstmals festgestellten Depressionen im Vergleich zur Vor-Coronazeit um 86 % gestiegen, was auch zu vermehrter Schulvermeidung führt.[6]

Bundesweit haben bei 15- bis 17-jährigen Mädchen die Depressionen um 18 %, die Angststörungen um 24 % und die Essstörungen um mehr als 50 % zugenommen (Süddeutsche Zeitung vom 5./6.11.2022). Zwischen Befragungszeitpunkten des Deutschen Schulbarometers im September 2021 und im April 2022 gaben Lehrkräfte an, eine weitere Zunahme auffälliger Verhaltensweisen beobachtet zu haben, was mit dem „Aufholdruck“ zusammenhängen könne, der durch die Schulschließungen entstanden sei.[7]

6 vgl. https://www.dak.de/dak/landesthemen/pandemie-in-baden-wuerttemberg-leiden-maedchen-verstaerkt-unter-psychischen-problemen-2579428.html#/, recherchiert am 11.01.2023

7 vgl. https://deutsches-schulportal.de/deutsches-schulbarometer/, recherchiert am 13.01.2023

Die aktuelle Copsy-Studie von November 2022 zeigt, dass die psychische Gesundheit von Kindern und Jugendlichen in Deutschland auch im dritten Jahr der Coronapandemie immer noch spürbar beeinträchtigt ist. Immer noch leide jedes vierte Kind unter psychischen Auffälligkeiten. Erneut seien insbesondere Kinder und Jugendliche aus sozial schwächeren Verhältnissen betroffen. Während die Auswirkungen der Pandemie auf die psychische Gesundheit abgenommen hätten, rückten neue Krisen in den Vordergrund.[8]

B

Schulschließungen führten zu sozialen Einschränkungen für Heranwachsende
Welche sozialen Belastungen die Zeit der Schulschließungen für Heranwachsende mit sich brachte, wird besonders am Beispiel der Entlassjahrgänge 2020 und 2021 deutlich: keine oder im zweiten Jahr nur sehr eingeschränkte Abschlussfeiern und Partys; für Studienanfängerinnen und -anfänger keine Immatrikulationsfeiern und über lange Zeit nur Onlinestudium ohne direkte soziale Kontakte. Für 16- bis 18-Jährige bedeutet dies einen wesentlich größeren Anteil an Lebenszeit ohne soziale Einbindung als für Ältere.

Beim Gesundheitszustand Heranwachsender ist das Geschlecht einer von drei Ungleichheitsfaktoren, die beiden anderen sind soziale Herkunft und Migrationshintergrund. Durch die Pandemie ist der Anteil der Kinder und Jugendlichen in bildungsbezogenen, finanziellen und sozialen Risikolagen in den letzten Jahren weiter angestiegen. Jedes fünfte Kind ist inzwischen von Armut betroffen (Bildungsbericht 2022, S. 45–50). Und es ist zu befürchten, dass dieser Anteil weiter steigt. Die Auswirkungen auf die physische Gesundheit (Gewichtzunahme, zunehmende Kurzsichtigkeit vermutlich aufgrund übermäßigen Gebrauchs digitaler Medien) sind vielfältig beschrieben (vgl. Zierer 2021, S. 39 ff.) und sollen hier aus Platzgründen ausgeklammert werden.

1.3 Mängel im System

Die Unzulänglichkeiten des Schulsystems und die Marginalisierung von Kindern und Jugendlichen, deren Situation und Bedürfnisse in der Coronazeit von Politik und Öffentlichkeit oft übersehen wurden, zeigen sich in der aktuellen Krisenzeit besonders deutlich. Systemische Mängel wirken sich mittelbar und unmittelbar auf die Situation der Klassen aus. Einige Beispiele:

8 vgl. https://www.uke.de/kliniken-institute/kliniken/kinder-und-jugendpsychiatrie-psychotherapie-und-psychosomatik/forschung/arbeitsgruppen/child-public-health/forschung/copsy-studie.html, recherchiert am 11.01.2023

- Viele Kinder und Jugendliche bräuchten dringend psychosoziale Hilfe. Psychische Belastungen wirken sich negativ auf die Entwicklung aus und führen oft auch zu schlechteren Schulleistungen und Bildungsabschlüssen. Zudem wird das Klassenklima durch zunehmende Verhaltensauffälligkeiten belastet. Lehrkräfte empfehlen daher den Eltern solcher Kinder, therapeutische Hilfe zu suchen. Die Wartezeiten darauf haben sich allerdings in der Pandemie verdoppelt. Nach einer Studie der Universität Leipzig ist die Wartezeit auf ein therapeutisches Erstgespräch von fünf auf zehn Wochen gestiegen, für einen Therapieplatz von drei auf sechs Monate, im ländlichen Raum zum Teil auf mehr als ein Jahr.[9]
- Im Koalitionsvertrag der neuen Bundesregierung wurde ein „Startchancen"-Programm angekündigt. Demnach sollen 4.000 Schulen mit einem hohen Anteil an sozial benachteiligten Schülerinnen und Schülern, das wäre jede zehnte deutsche Schule, über eine Laufzeit von zunächst zehn Jahren gefördert werden. Die Schulen sollen zusätzliche Budgets und mehr Stellen für die Schulsozialarbeit bekommen. Außerdem sollen bauliche Maßnahmen und Schulsanierung gefördert werden. Wie hoch die Förderung ist, bleibt noch unklar, von 2 Milliarden jährlich ist die Rede. Eigentlich sollte das Programm 2023 starten, aber bis jetzt ist fast nichts geschehen. Nun ist von 2024/2025 die Rede.[10] Die Bundesregierung hat ja auch mit der „Zeitenwende" und dem „Doppel-Wumms" genug zu tun. Hier wurden auf die Schnelle 100 bzw. 200 Milliarden lockergemacht.
- Es ist zu befürchten, dass „Startchancen" das gleiche Schicksal erleidet wie der Digitalpakt. Hier wurden seit Mai 2019 vom Bund 6,5 Milliarden € bereitgestellt, bis zum Ende 2021 waren aber davon lediglich ein Fünftel der Mittel ausgegeben. In den Verwaltungen der Schulträger fehlen kompetente Fachkräfte. Die Förderrichtlinien und bürokratischen Bedingungen sind derart kompliziert, formalistisch und einengend, dass sie zur Situation der Schulen nicht passen, mal abgesehen davon, dass der Schwerpunkt auf Technologie liegt. Was m. E. gebraucht wird, sind pädagogische Konzepte und Fortbildungen. Was nützen z. B. iPads, wenn „digitales Lernen" vorwiegend darin besteht, dass Schulbücher auf dem Bildschirm gelesen werden können?

Diese systemischen Mängel haben einen finanziellen Aspekt, der aus meiner Sicht noch nicht einmal der gravierendste ist. Viel schlimmer finde ich die da-

9 vgl. https://deutsches-schulportal.de/schulkultur/julian-schmitz-psychosoziale-versorgung-monitor-der-leistungsdruck-in-den-schulen-ist-teil-der-belastungsfaktoren/?utm_source=+CleverReach+GmbH+%26+Co.+KG&utm_medium=email&utm_campaign=Newsletter+KW+40%2F2022&utm_content=Mailing_13908324, recherchiert am 13.01.2023

10 vgl. https://deutsches-schulportal.de/bildungswesen/startchancen-programm-was-hilft-benachteiligten-schuelerinnen-und-schuelern-wirklich/, recherchiert am 13.01.2023

mit zum Ausdruck kommende fehlende Wertschätzung von Schule und Bildung. Obwohl die Wichtigkeit von Bildung in Reden und Konferenzen von den politischen und ökonomischen Führenden immer wieder beschworen wird und zur Lösung aller gesellschaftlichen Probleme beitragen solle, spielt sie de facto im öffentlichen Diskurs nur eine Nebenrolle. Schon im ersten Lockdown durften die Fußballfans in die Stadien zurück, die Kinder durften nicht in die Schule. Auch jetzt sind Ökonomie, Waffen, Energiekrise, drohende Klimakatastrophe wichtiger, Letztere sicher zu Recht. Aber die Zukunft unseres Landes und seine wirtschaftliche Entwicklung hängt auch davon ab, wie sich die nachfolgenden Generationen entwickeln können. Schon jetzt führt der Mangel an qualifizierten Arbeitskräften zu Engpässen und finanziellen Verlusten. Die Schulabbrecherquote liegt in vielen Bundesländern immer noch bei 10 %, was zur Folge hat, dass Hunderttausende junger Erwachsener ohne Berufsausbildung im Niedriglohnsektor verbleiben oder gar keine Arbeit haben. Dass die in unserem Bildungssystem manifestierte soziale Ungerechtigkeit von Politik und Öffentlichkeit weitgehend hilflos hingenommen wird, ist ein Skandal.

> „Es ist schlichtweg ungerecht, Kinder mit ungleichen Chancen in eine hochkomplexe und ungewisse Zukunft zu entlassen, in der sie die Folgen persönlich verantworten sollen.“
> (El-Mafaalani 2022, S. 13)

Bildungssystem und Ungleichheit

Schon im Jahr 2018 haben fünf namhafte Wissenschaftlerinnen und Wissenschaftler mit dem „Aufruf zur Bildungsgerechtigkeit“, dem sich 200 Erstunterzeichnende und mehrere Tausend Personen angeschlossen haben, auf die gravierende Ungleichheit im bundesrepublikanischen Bildungssystem hingewiesen. Die Thesen dieses Aufrufs haben sie 2021 in einer Streitschrift weiter ausgeführt und vertieft (Brügelmann et al. 2021). Die Probleme kurz zusammengefasst: hohe soziale Kopplung des Lernerfolgs, ungenügende Rahmenbedingungen für Inklusion, zu hohe Abbrecherquoten, ein Zweiklassensystem in der Sekundarstufe I, weil die nichtgymnasialen Schulen wie früher die Hauptschulen immer mehr zu Restschulen werden – kurz gesagt: „Herkunft bestimmt Zukunft“ – ein Satz, den der ZEIT-Autor Martin Spiewak geprägt hat. In diesem Buch wird der Veränderungsbedarf beschrieben und es werden achtzehn Standards für Bildungsgerechtigkeit definiert. Die Autorinnen und Autoren fordern dazu die Einsetzung eines unabhängigen Bildungsrats, in dem Expertinnen und Experten aus allen gesellschaftlichen Bereichen vertreten sind. Dieser Aufruf blieb wie viele andere in der Politik nahezu ohne Resonanz.

Die Ignoranz der Verantwortlichen wirkt sich nicht nur auf bildungspolitischer Ebene aus, sondern bis in die einzelne Schule hinein. Das Gefühl, nicht beachtet und vernachlässigt zu werden, kann sich wie Mehltau auf die Klassen legen, besonders auf die der „niedrigeren Bildungsgänge“ und hier auf die in schwierigem sozialem Umfeld. Die Leistungen der Lehrkräfte in diesen Zeiten werden aus meiner Sicht auch nicht genügend wertgeschätzt. Sie hätten genauso „Beifall vom Balkon“ verdient wie das Pflegepersonal.

1.4 Auswirkungen auf Lehrkräfte

Viele Lehrkräfte und Sozialpädagoginnen und Sozialpädagogen haben sich in den letzten Jahren sehr bemüht, die Situation in den Schulen abzumildern. Viele Schulleitungen, Hausmeister:innen, Sekretär:innen und andere an Schulen Beschäftigte ebenso. Zehn Monate nach Beginn des russischen Angriffskrieges auf die Ukraine waren 200.000 geflüchtete Schülerinnen und Schüler nach Deutschland gekommen und die große Mehrheit an deutschen Schulen aufgenommen, was für diese ein erneuter Kraftakt war. Teilweise wurden Willkommensklassen gebildet, teilweise wurden die Geflüchteten in Regelklassen unterrichtet oder mit einem Mischmodell (Drehtürmodell). Von einer Relation 1:25 ausgehend hätte man 8.000 neue Lehrkräfte für eine halbwegs zufriedenstellende Personalsituation gebraucht. Statistiken dazu gibt es (noch) nicht, aber vielerorts ist zu hören, dass bei Weitem nicht genug neue Lehrkräfte gefunden werden können. Die Versorgung deutscher Schulen mit Lehrkräften ist ohnehin schon sehr angespannt. Mehr als zwei Drittel der Schulleitungen in Deutschland sahen im November 2022 den Personalmangel als größte Herausforderung für ihre Arbeit. Auch hier ist die Prozentzahl an Grundschulen, Sekundar- und Förderschulen deutlich höher als an Gymnasien. Und die Schulen in schwierigen Lagen sind besonders belastet.[11] In manchen Bundesländern werden neue Stellen bis zu einem Drittel mit Seiten- und Quereinsteigern besetzt, deren Vorbereitung auf den Beruf unzureichend ist. In Brandenburg reicht ein Bachelorabschluss dafür. Ich weiß von Fortbildungen, die ich in diesem Bundesland immer wieder gebe, dass die Qualifizierung dieser Personen, vorsichtig ausgedrückt, völlig unzureichend ist. Auszubaden haben dies wieder die Lehrkräfte selbst, die als „Peers“ oder „Mentoren“ die Neuen betreuen sollen.

Schulleitungen müssen hier eine Sisyphusarbeit leisten. Für Innovationen bleibt da kaum noch Zeit und Energie, es wird meistens nur Tradiertes optimiert. Bei einer Befragung im November 2022 gaben 53 Prozent der Schul-

11 vgl. https://deutsches-schulportal.de/?p=43890&utm_source=+CleverReach+GmbH+%26+Co.+KG&utm_medium=email&utm_campaign=Newsletter+KW+03%2F2023&utm_content=Mailing_14163412, recherchiert am 23.1.2023

leitungen an, keine Kapazitäten mehr für die Aufnahme weiterer Geflüchteter zu haben, 59 Prozent hielten die Förderung für Schülerinnen und Schüler ohne ausreichende Deutschkenntnisse für unzureichend.[12] Die Auswirkungen auf den Unterricht sind leicht nachzuvollziehen.

All dies hat Folgen für Berufszufriedenheit und Gesundheit der Lehrkräfte. Eine mir bekannte Personalrätin äußerte die Sorge, dass manch ein Seiten- oder Quereinsteiger bald wieder abspringen wird, wenn er die Misere in den Schulen erleben muss. Heute findet man schnell einen anderen Job.

Bei einer Befragung des Deutschen Schulbarometers im April 2022 erklärte etwa die Hälfte der Lehrkräfte, dass sie sich seit Beginn des Jahres in ihrer arbeitsfreien Zeit nicht erholen könnten. Weiterhin hält die Hälfte der Befragten die gesetzlich vorgeschriebene Ruhezeit von elf Stunden zwischen zwei Arbeitstagen nicht ein. Wie Studien zeigen, ist das Gefühl, eine Klasse nicht gut leiten zu können, ein besonders starker Stressfaktor (vgl. Grimm 2023, S. 14). Dass die Ständige Wissenschaftliche Kommission (SWK) der Kultusministerkonferenz in dieser Situation u. a. empfiehlt, die Klassen zu vergrößern, Möglichkeiten der Teilzeitarbeit zu begrenzen, die Altersermäßigungen zu streichen (indem man diese für außerunterrichtliche Tätigkeiten verwendet) – und diese Mehrbelastung durch „Achtsamkeitskurse“ zu bewältigen, kann man nur als zynisch bezeichnen.[13] Ich habe selten erlebt, dass Veröffentlichungen von Wissenschaftlerinnen und Wissenschaftlern so viel Zorn und Ärger bei Lehrkräften evoziert haben, wie es hier noch nach Monaten der Fall ist. Dazu hat auch der sogenannte „Bildungsgipfel“ im März 2023 beigetragen, dem die meisten Bildungsministerinnen und -minister der Bundesländer fernblieben, obwohl angesichts des sich abzeichnenden Lehrkräftemangels nach Berechnungen des Bildungsforschers Klaus Klemm, dessen Prognosen sich schon in der Vergangenheit bewahrheitet haben, im Jahr 2030 rund 80.000 Lehrkräfte fehlen werden (vgl. „Der Spiegel“ Nr. 12/2023, S. 9. „Der Spiegel“ nennt die gegenwärtige Situation „eine neue Bildungskatastrophe“, vgl., ebd. S. 10).

Viele Lehrkräfte haben sich in der Pandemie schon für ihre Schülerinnen und Schüler aufgerieben und auf normale Zeiten gehofft, die dann nicht gekommen sind – im Gegenteil. Die Batterien sind leer. Man merkt es an den Krankenständen. Lehrkräfte brauchen dringend Unterstützung; nur wenn es ihnen gut geht, können sie auch die ihnen anvertrauten Kinder und Jugendlichen unterstützen. Dazu soll dieses Buch einen Beitrag leisten. Die Probleme klar zu benennen, war mir wichtig. Es geht aber darum, nicht in eine

12 vgl. www.schulbarometer.de s.o.

13 https://www.kmk.org/kmk/staendige-wissenschaftliche-kommission/veroeffentlichungen.html - recherchiert am 12.04.2023

Problemtrance zu geraten, sondern den Fokus darauf zu richten, was in der jetzigen Situation hilfreich ist, um die Resilienz aller Beteiligten zu stärken.

Literatur

Eingangszitat aus: Klaffke, Thomas – Was uns in Krisenzeiten hilft und stärkt. Ein Interview mit Schüler:innen einer 10. Klasse. In: Klasse leiten, Heft 23/2023, S. 29.

Autor:innengruppe Bildungsberichterstattung (2022): Bildung in Deutschland. Ein indikatorengestützter Bericht mit einer Analyse zum Bildungspersonal: https://www.bildungsbericht.de/de/bildungsberichte-seit-2006/bildungsbericht-2022/pdf-dateien-2022/bildungsbericht-2022.pdf, recherchiert am 01.09.2023.

Brügelmann, Hans/von der Groeben, Annemarie/Meyer, Hilbert/Nietzschmann, Renate/Thurn, Susanne (2021): Bildung gegen Spaltung. Eine Streitschrift. Was Pädagogik und Politik konkret tun können. Frankfurt/Main: Debus Pädagogik-Verlag.

Chrismon. Das evangelische Magazin, Heft 5/2023.

El-Mafaalani, Aladin (2022): Mythos Bildung. Die ungerechte Gesellschaft, ihr Bildungssystem und seine Zukunft. In: Lernende Schule Heft 100/2022, S. 11 ff.

Erziehung & Wissenschaft 12/2022–01/2023.

Friedrichs, Birte/Heil, Regina/Klaffke, Thomas/Poitzmann, Nikola/Zergiebel, Mike (2021): Lehren und Lernen nach Corona. Welche Veränderungen haben sich vollzogen, wie kann Schule reagieren? In: Klasse leiten Heft 15/2021, S. 4 ff.

Grimm, Annika Milena (2023): Gesund bleiben als Lehrkraft. Mit Stress resilient umgehen. In: Klasse leiten Heft 23/2023, S. 13 ff.

Klaffke, Thomas (2021): „Ich will nicht zu dem zurück, was vorher war!" Ein Interview mit der Schulleiterin Maike Schubert. In: Klasse leiten, Heft 15/2021, S. 9 ff.

Zierer, Klaus (2021): Ein Jahr zum Vergessen. Wie wir die Bildungskatastrophe nach Corona verhindern. Freiburg im Breisgau: Herder.

2 Denkrichtungen für Lösungsansätze

„Es gibt keinen Grund für Optimismus.
Aber Pessimismus können wir uns nicht leisten."
(Aladin El-Mafaalani)

> „Die Bedürfnisse von Kindern aufzufangen, die sich selbst schon aufgegeben haben, erfordert [...] mehr als ein paar Gespräche im Türrahmen nach Unterrichtsschluss. Das Engagement einzelner Lehrkräfte kann unmöglich das Fundament eines gerechten und erfolgreichen Bildungssystems sein [...]. Unser Bildungssystem vertraut darauf, dass Lehrerinnen und Lehrer an sogenannten Brennpunktschulen Erziehungs- und Bildungsauftrag in Personalunion stemmen – und gibt ihnen kaum strukturelle Hilfen an die Hand. Das funktioniert nicht." (Süddeutsche Zeitung vom 07. / 08.1.2023, S. 41)

Dieses Statement von Lisa Graf, einer Gymnasiallehrerin, die einige Jahre an einer Haupt- und Realschule gearbeitet und ein Buch über ihre Erfahrungen geschrieben hat (vgl. Graf 2022), kann ich gut nachvollziehen, da ich viele Jahre an Hauptschulen unterrichtet habe und mich als Schulleiter darum bemüht habe, diese Schulart, in der sich Förderbedarfe unterschiedlicher Art und Problemlagen kulminiert haben, in eine integrierte Sekundarstufe zu überführen.

Dennoch bin ich der Meinung, dass auch die einzelne Lehrkraft etwas bewirken kann, was ich an einem Beispiel erläutern möchte. Die Ungerechtigkeiten des Bildungssystems kann ich als Einzelne:r sicher nicht ausgleichen, hierzu braucht es Veränderungen im System. Aber schon eine einzelne Schule hat oft mehr Gestaltungsspielraum, als man gemeinhin annimmt. Das zeigen immer wieder die Preisträger der Deutschen Schulpreises. Im Buch „Menschen machen Schule" (vgl. Schratz / Michels / Wolters 2021) werden etliche solcher Schulen porträtiert, die ihre Möglichkeiten kreativ genutzt haben, manchmal nach der Devise: einfach machen, statt „oben" zu fragen. Auch in den Zeiten der Pandemie war hier vieles möglich, und es zeigt deutlich, dass Lehrkräfte und Schulleitungen etwas bewirken können. Auch wenn so etwas an vielen Schulen schwierig sein sollte, können Lehrkräfte sich mit Gleichgesinnten beispielsweise in einem Jahrgangsteam zusammentun, um hier gewünschte Veränderungen zu konzipieren und umzusetzen.

Aber dieses Buch soll noch eine Ebene tiefer ansetzen, nämlich bei der einzelnen Lehrkraft, die wissen will, was sie morgen in ihrer Klasse oder Lerngruppe tun und wie sie ihren eigenen Gestaltungsspielraum nutzen kann, wobei – das sei unbedingt angemerkt – diese Spielräume größer werden, wenn man gemeinsam im Team oder in der ganzen Schule handelt (s. dazu Kapitel 7).

2.1 Die Lehrkraft macht den Unterschied

Die Bedürfnisse von Kindern und Jugendlichen mit ein paar Gesprächen nach dem Unterricht „im Türrahmen" auffangen zu wollen, wie Lisa Graf in ihrem Zitat schreibt, ist sicher völlig unmöglich. Es geht aber nicht (nur) um unsere Möglichkeiten nach Unterrichtsschluss und in Pausen, sondern um unser gesamtes Wirken an einem Unterrichtstag. Und hier macht es schon einen erheblichen Unterschied, ob wir Kindern und Jugendlichen aus bildungsfernen Milieus vermitteln, dass wir ihnen nichts zutrauen, oder ob wir sie ermutigen, ihr Potenzial zu entfalten. Ähnliches gilt für Schülerinnen und Schüler mit Migrationshintergrund, für solche mit besonderem Förderbedarf oder für solche aus finanziell schlechter gestellten Familien. Oft gibt es ja eine Schnittmenge aus mehreren oder all diesen Merkmalen, und dann wird es besonders schwierig. Leider zeigen empirische Studien immer wieder, dass solche Schülerinnen und Schüler bei der Benotung oder bei Schullaufbahnentscheidungen benachteiligt werden – wobei es auch das Gegenteil gibt, z. B. „positiven Rassismus", was heißen kann, dass Kinder aus Einwandererfamilien „Boni" bei der Benotung erhalten.

Wir Lehrkräfte haben nicht nur Einfluss auf Lernverhalten und Lernergebnisse, sondern u. a. auch auf das Selbstwertgefühl und die Resilienz der uns Anvertrauten. Unseren Aktionen und Interaktionen kommt gerade in der gegenwärtigen Zeit besondere Bedeutung zu. Dabei geht es nicht um „Kuschelpädagogik" oder Sozialarbeit, sondern darum, wie wir Tag für Tag agieren und mit den Lernenden interagieren.

B

Lehrkräfte sind wichtig für die Entwicklung Heranwachsender

Es gab auch schon vor Corona immer wieder Berichte in den Medien, in denen verschiedene Menschen danach gefragt wurden, welche Rolle Lehrkräfte für sie und ihre Entwicklung gespielt haben. „Frau Pfannkuch war meine Rettung" – so titelte eine Zeitschrift einen solchen Bericht („chrismon" August 2012). Die Hamburger Sängerin Zoe Wees sagt über ihre frühere Lehrerin: „Sie hat zu 99 Prozent meine Kindheit in der Schule gerettet", und sie widmete ihr sogar ein Lied mit den schönen Versen „I need you to know I would never be this strong without you" („ZEIT-Magazin" vom 26.08.2021, S. 28).

Ein besonders eindrucksvolles Beispiel zeigt der preisgekrönte Dokumentarfilm „Herr Bachmann und seine Klasse", der von der Authentizität und Präsenz des Lehrers lebt, eines Lehrers, der den Kindern zugewandt ist, jedes einzelne von ihnen in seinem „So-Sein" sieht und Interesse an ihnen, ihren Lebenssituationen und ihren Familien zeigt. Er geht auf jede und jeden Einzelne:n mit Achtung und großem Einfühlungsvermögen ein, zeigt liebevolle Zuwendung und kann auch klare Grenzen setzen. So werden die Kinder gestärkt, die meisten von ihnen stammen aus Zuwandererfamilien und alle finden ihren Weg. Zwar stört mich eine teilweise zu saloppe Sprache und gelegentliche „Predigten", aber Lehrer Bachmann hat das Herz auf dem rechten Fleck und versteht es, aus der Klasse eine Gemeinschaft zu formen, indem er die Solidarität der Kinder untereinander einfordert und durch Musizieren ein gemeinsames Projekt entwickelt.

Mit diesen Beispielen wollte ich deutlich machen, welchen Einfluss und welche Bedeutung wir für die uns anvertrauten Kinder und Jugendlichen haben können.

A

Reflexionsaufgabe
Denken Sie an Ihre Schulzeit zurück. Gab es hier Lehrerinnen und Lehrer, an die Sie sich positiv erinnern, die für Sie eine wichtige Rolle gespielt haben? Wenn ich auf Fortbildungen danach frage, hat fast jede:r der Teilnehmenden ein Beispiel.

Diese Bedeutung jeder einzelnen Lehrkraft ist in den gegenwärtigen Krisenzeiten aus meiner Sicht noch größer als früher, weil Kinder und Jugendliche jetzt Lehrerinnen und Lehrer brauchen, die sie ermutigen, unterstützen, die ihnen Halt und Hoffnung geben und die ihnen helfen, ihr Potenzial zu entfalten. Das ist mindestens genauso wichtig oder sogar noch wichtiger als Wissensvermittlung. Viele Lehrkräfte nehmen diese Veränderung auch wahr. Laut Forsa-Umfrage für das Deutsche Schulbarometer vom April 2022 sind zwei Drittel der Lehrkräfte der Meinung, dass die Förderung des psychischen Wohlbefindens der Schülerinnen und Schüler wichtiger sein sollte als die Erfüllung der Lehrpläne[14] – wobei das aus meiner Sicht nicht unbedingt ein Gegensatz sein muss. Vielleicht ist es hilfreich, wenn Sie an Ihre eigene Arbeitsplatzsituation denken. Haben Sie Leitungspersonen, die Sie ständig unter Druck setzen und vorwiegend kontrollieren, die Ihnen barsch oder sogar unfreundlich begegnen, die (sicher aus nachvollziehbaren Gründen) fast immer nur genervt, angespannt und gestresst erscheinen? Wie ger-

14 vgl. https://deutsches-schulportal.de/unterricht/deutsches-schulbarometer-auswirkungen-corona-pandemie-april-2022/, recherchiert am 13.11.2023

ne werden Sie da morgens in die Schule kommen, und wie wird sich das auf Ihre Stimmung auswirken? Werden Sie jedoch unterstützt, ermutigt, fühlen Sie sich wertgeschätzt und ist das Betriebsklima gut, werden Sie sicher freudiger zur Arbeit gehen und vermutlich auch bessere Leistungen erbringen (das gilt natürlich nicht für solche Zeitgenossen, die Freundlichkeit für eigene Vorteile ausnutzen ...). Wenn Sie dieses Beispiel auf das Verhältnis zwischen Lernenden und Lehrenden übertragen, wird vieles ähnlich sein. Eigentlich haben wir das auch schon immer gewusst, die oft geschmähte Hattie-Studie gibt viele Hinweise in diese Richtung. Meine These ist: Wohlbefinden und Leistung bzw. Lernerfolge sind keine Gegensätze, sondern bedingen sich gegenseitig! Die Frage ist natürlich, wo und wann denn die oben angesprochene Förderung des psychischen Wohlbefindens stattfinden soll. Eine weitere Aufgabe, die noch zu all den anderen hinzukommt? Nein, denn diese Förderung erreichen wir durch unser tagtägliches Auftreten und Agieren, durch die Art und Weise, wie wir mit den Lernenden interagieren. Daher ist meine zweite These: Zur Förderung des psychischen Wohlbefindens unserer Schülerinnen und Schüler können wir durch unsere tagtägliche Klassenführung beitragen! Dies aber nur, wenn wir die bestehenden Konzepte von Klassenführung und Classroom Management überdenken und weiterentwickeln. Beispiel Rituale: Gemeinhin dienen Alltagsrituale der Strukturierung und Orientierung. In der gegenwärtigen Situation sind aus meiner Sicht besonders stärkende und tröstende Rituale wichtig (s. Kapitel 4).

2.2 Der Stellenwert von Klassenführung, Classroom Management und Klassenleitung

An dieser Stelle halte ich eine Begriffsklärung für notwendig, da ich die oben genannten Begriff bis hierhin nebeneinander und ohne Abgrenzung verwendet habe.

Klassenführung bezieht sich auf die Wirkung, die Lehrkräfte in Klassen und Lerngruppen durch ihr Auftreten, ihre Kommunikation und ihre Interaktion mit den Lernenden erzielen. Es geht darum, gute Bedingungen für das Lehren und Lernen zu schaffen und „die Lernzeit möglichst störungsfrei zu halten. Letzteres ist in erster Linie keine Frage der Quantität (also wie viele Minuten einer Unterrichtsstunde störungsfrei bleiben), sondern eine Frage der Qualität, gleichsam eine Frage des ‚Betriebsklimas', denn in einer angstfreien, entspannten, anregenden, motivierenden und aktivierenden Atmosphäre lernt es sich leichter, und gerade Kinder lernen besonders gut, wenn sie die Lehrerin oder den Lehrer mögen" (Klaffke 2022c, S. 7). Hierzu sind konstruktive und wertschätzende Beziehungen und ein Arbeitsbündnis mit den

Schülerinnen und Schülern sowie deren Partizipation wichtig. Klassenführung ist Aufgabe aller Lehrkräfte, auch im Fachunterricht, in Kursen oder Arbeitsgemeinschaften.

Classroom Management liefert das Werkzeug für Klassenführung: z. B. klare Strukturen, Regeln, Rituale, Routinen, die Unterrichtslogistik und die Vorbereitung der Umgebung. Hier geht es also eher um die Methoden und Instrumente, während bei der Klassenführung eher Beziehungsqualität, Haltung, Menschenbild usw. im Mittelpunkt stehen. Im angelsächsischen Raum wird eher der Managementbegriff verwendet und beide Aspekte verbunden gesehen, und für die Mehrzahl der Lehrkräfte schließt dieser Begriff meiner Erfahrung nach auch die Klassenführung ein.

Klassenleitung ist eine Aufgabe, die noch weitergehende Möglichkeiten bietet. Hierbei spielen nicht so sehr (die oft nur an einer Hand aufzuzählenden) institutionelle Aufgaben eine Rolle, sondern der pädagogische Gestaltungsspielraum, der oft schon dadurch entsteht, dass Klassenleitungen mit vielen Stunden in ihrer eigenen Klasse eingesetzt sind. Daher haben sie auch mehr Einfluss auf die Persönlichkeitsentwicklung und das Lernverhalten der ihnen anvertrauten Kinder und Jugendlichen. Insbesondere für Grundschulkinder können sie Wege in die Lernwelten und in das Miteinander anbahnen (mehr dazu in Kapitel 4).

Ich möchte noch erwähnen, dass diese Definitionen keineswegs allgemein anerkannt sind, aber für mich wichtig sind, um zwischen den Aufgaben und Gestaltungsmöglichkeiten der Lehrkräfte zu differenzieren.

Für die Wirksamkeit von Klassenführung, Classroom Management und Klassenleitung gibt es eindrucksvolle *empirische Belege*, die hier nur in der gebotenen Kürze zusammengefasst werden sollen (ausführlich dazu Klaffke 2022a, S. 103ff.):

- Empirische Studien zur Wirksamkeit von Klassenführung gehen bereits auf die 1960er-Jahre zurück. Jacob S. Kounin wies in einer groß angelegten Untersuchung nach, dass strafendes Verhalten oft das Gegenteil des Gewünschten bewirkt, dass Freundlichkeit und Humor wirksamer sind, dass es aber auch auf Klarheit und Präsenz („Allgegenwärtigkeit“) ankommt (vgl. Kounin 1976, S. 85ff.). Seine Ergebnisse wurden durch Folgestudien immer wieder bestätigt.
- Eine Vielzahl solcher Studien wurde von Andreas Helmke ausgewertet, der zu dem Schluss kam, „dass kein anderes Merkmal so eindeutig und konsistent mit dem Leistungsniveau und dem Leistungsfortschritt von Schulklassen verbunden ist wie die Klassenführung“ (Helmke 2003, S. 174). Es wäre sehr interessant zu untersuchen, welchen Einfluss die Klassenführung auf das psychische Wohlbefinden der Lernenden hat.

- Auch die viel zitierte Hattie-Studie kann als Beleg für die Wirksamkeit der Klassenführung herangezogen werden. Etliche Aspekte, die mit dem Classroom Management zusammenhängen (Klarheit der Lehrpersonen, Beziehungen, Feedback, Verhaltensregelungen im Klassenraum, die Kommunikation zwischen Lehrenden und Lernenden), gehören zu den wirksamsten Faktoren für den Lernerfolg (vgl. Hattie 2012).
- Klassenführung gehört neben kognitiver Aktivierung und konstruktiver Unterstützung zu den drei Basisdimensionen, die in der Tiefenstruktur eines lernförderlichen Unterrichts wirksam werden. Dies ist durch zahlreiche Studien belegt (vgl. Albers 2023, S. 6 ff.)

2.3 Ein neues Konzept von Klassenführung

Bei der Sichtung empirischer Studien wird deutlich, dass im Vordergrund die Fragestellung steht, wie sich die Klassenführung auf den Lernerfolg auswirkt. Wie Lernerfolge gemessen werden, steht auf einem anderen Blatt, und ich frage mich, ob das gesamte Bildungssystem mit Prüfungssystem und -inhalten nicht allzu sehr auf das Wissen der Vergangenheit abzielt. Andreas Schleicher bemerkte dazu, dass ein Großteil der 15-jährigen Jugendlichen von Arbeitsplätzen träumt, die es in Zukunft nicht mehr geben wird. Selbstwirksamkeitsüberzeugung sei die zentrale Kompetenz der Zukunft, daneben sozial-emotionale Kompetenzen, Werte, Einstellungen, aber natürlich auch vernetztes und anwendbares Wissen. Es gehe um den „sense of belonging“. Die emotionalen Kompetenzen wie z. B. Umgang mit Stress und Umgang mit Gefühlen werden vor allem durch die Qualität der Lehrer-Schüler-Beziehung geprägt (Mitschrift eines Vortrags beim V. Bildungsforum Frankfurt-Slubice 6.10.2022, vgl. auch OECD-Lernkompass 2030).

Um es auf einen einfachen Nenner zu bringen, meine dritte These: Nicht der Stoff, sondern der junge Mensch mit seiner Persönlichkeit und seinen Kompetenzen muss im Mittelpunkt der Klassenführung stehen. Dazu reichen die herkömmlichen Konzepte nicht aus, bei denen oft Regeln, Disziplin und Logistik den Schwerpunkt bilden – ein Beispiel:

> „Erfolgreiche Klassenführung zeichnet sich durch ein intensives Monitoring des Unterrichtsgeschehens, durch interessante und flüssige Lektionen, durch angepasste Organisation der materiellen Umgebung, Abläufe, Regeln und Handelsroutinen, durch klar kommunizierte Ansprüche und Rückmeldungen zum Schülerverhalten sowie durch eine anerkennende, wertschätzende Beziehung zwischen Lehrperson und Schülerinnen und Schülern aus. (Schönbächler 2008, S. 53)

Immerhin ist hier der Beziehungsaspekt schon genannt, allerdings als einer von vielen und an letzter Stelle. Bereits Helmke wies darauf hin, dass die Bewältigung von Disziplinstörungen allzu sehr im Vordergrund stehe (Helmke 2003, S. 79), und im angelsächsischen Raum ist das Classroom Management teilweise von behavioristischen Denkansätzen geprägt, also Konditionierung von Verhalten mit manipulativen Elementen, zu denen für mich auch das „Loben" gehört (dazu später mehr). Immerhin ist in den letzten Jahren der Beziehungsaspekt stärker betont worden. Ich selbst habe im Jahr 2013 das Konzept einer selbstwertorientierten Klassenführung vorgelegt, wobei es nicht nur um das Selbstwertgefühl der Lernenden, sondern auch um das der Lehrenden geht (vgl. Klaffke 2022a, S. 34 ff.).

Um Missverständnisse zu vermeiden: Instrumente und Methoden wie Rituale, Regeln, Abläufe usw. sind auch wichtig! Aber nur mit solchen Mitteln werden wir das Selbstwertgefühl und das psychische Wohlbefinden von Kindern und Jugendlichen nicht stärken können – wie es in dem englischen Sprichwort so schön zum Ausdruck kommt: „A fool with a tool is still a fool!" –, sondern es kommt auf das Fundament an, und ich möchte im Folgenden darauf eingehen, was man darunter verstehen kann.

2.4 Grundlagen für selbstwertorientierte Klassenführung

Das Beispiel der Rituale macht deutlich, dass die Instrumente des Classroom Managements nicht „wertfrei" sind, ja sogar zur Abwertung führen können. Auch in Diktaturen gibt es Rituale, und wer noch in den 1960er-Jahren zur Schule gegangen ist, hat vielleicht strafende und beschämende Rituale kennengelernt, die sich noch bis zum Ende des letzten Jahrhunderts gehalten haben. Daher ist das Fundament wichtig, wozu ich Menschenbild, Erziehungskonzept, Haltung und Berufsethos zähle.

Menschenbild: Sehen wir Kinder und Jugendliche als Mängelwesen, die sich erst durch Erziehung zu vollständigen Menschen heranbilden („erziehen") lassen, gleichsam als Knetmasse oder Ton, der von Erwachsenen geformt werden muss? Oder sehen wir sie als Gleichwürdige, also als Menschen, die im Existenziellen die gleiche Würde wie wir haben, zu denen wir unsere Beziehungen mit Wertschätzung, Interesse und Empathie gestalten, denen wir aber auch unsere Grenzen zeigen, weil das zu einer verantwortungsbewussten Führung gehört?

Und noch grundsätzlicher: Wie sieht es denn mit unserem Menschenbild überhaupt aus? Es gibt zu allen Zeiten Menschen, die von Zynismus, Machtdenken, Narzissmus o. Ä. geprägt sind, und wenn so jemand auf Heranwachsende „losgelassen" wird, hat es für diese keine guten Auswirkungen (vgl. Klaffke 2022a, S. 72 ff.). Ein wertschätzendes Menschenbild zu haben, ist das eine, daraus folgt aber nicht automatisch wertschätzendes Verhalten, weil uns oft, besonders in stressigen Situationen, alte Prägungen aus unserer eigenen Sozialisation in die Quere kommen (z. B. aufbrausendes Verhalten). Daher muss sich ein solches Menschenbild in unserer Beziehungskompetenz realisieren, worauf ich in Kapitel 3 näher eingehe.

Für Kinder und Jugendliche ist es wichtig, dass sie gesehen, beachtet und wertgeschätzt werden, wenn Lehrkräfte sich für sie als Mensch interessieren und dafür, wie es ihnen geht. „Erst wenn ich gesehen werde, existiere ich" (Schley / Schratz 2021, S. 44).

Hierzu zwei Aspekte aus der Praxis: Die aktiven und extrovertierten Personen, aber auch die mit einem für uns schwierigen Verhalten haben wir meistens gut im Blick – aber die schüchternen, zurückgezogenen und stillen Personen beachten wir oft nicht oder nur wenig. Eine Möglichkeit besonders für Klassenleitungen ist es, ein „Porträt" unserer Schülerinnen und Schüler zu erstellen, das wir fortlaufend mit unseren Beobachtungen ergänzen. Fangen Sie mit den „Stillen" an, und nach und nach können Sie diese Beobachtungsbögen auch für die anderen erstellen. Sie können damit beginnen, dass sie eine:n aus dieser Gruppe visualisieren. Wie nehmen Sie diese Schülerin / diesen Schüler wahr? Was wissen Sie über sie / ihn? Über die Familie, Freunde, Peergroups, Interessen, Probleme? Was wissen Sie nicht und was würden Sie gern herausfinden? Tragen Sie die Ergebnisse in den Bogen ein, den Sie als Downloadmaterial 2 finden.

Unser Menschenbild hängt mit unserem *Erziehungskonzept* zusammen. Dieses war über lange Zeit hierarchisch geprägt: Die Erwachsenen, auch die Lehrer, bestimmen und die Heranwachsenden haben sich unterzuordnen. Glück hatten die, denen zumindest mit Liebe und Zuneigung und nicht nur mit Härte begegnet wurde. Die Gegenreaktion war dann die antiautoritäre Bewegung, in der Erziehung und Regeln verpönt waren, aber die Kinder auch nicht glücklich wurden, weil die Führung der Erwachsenen fehlte. Das partnerschaftliche Erziehungskonzept war dann der Versuch einer Weiterentwicklung, mit dem Bestreben nach Gleichwürdigkeit und Kommunikation auf gleicher Augenhöhe, das allerdings von der Illusion der Gleichberechtigung ausgeht, die es in Erziehungsinstitutionen aber nicht gibt, in denen Autonomie immer „relational" ist (Prengel 2020, S. 21). Eine Lösung dieses Dilemmas ist das autoritative Konzept nach Diane Baumrind, das in Europa vor allem durch den dänischen Familientherapeuten und Autor Jesper Juul bekannt wurde: Gleichwürdigkeit im Existenziellen bei Führungsverantwortung der Erwachsenen, die aber nicht der Befriedigung von Machtbedürfnissen dient, sondern dazu, die Heranwachsenden bei der Entwicklung ihrer Kompetenzen und ihrer Autonomie zu unterstützen.

> Umfangreiche Forschungen haben nachgewiesen, „dass autoritative Erziehung, also Berücksichtigung von Lenkung *und* Beziehungen, positive Effekte in vielerlei Hinsicht hat, sowohl auf individuelles Wohlbefinden und Entwicklung von Leistungsmotivation als auch auf befriedigendere soziale Beziehungen als auch zur Entwicklung einer moralischen Persönlichkeit." (Schuster 2020, S. 20 – Hervorhebung im Original)

Ein einfaches Beispiel für das autoritative Erziehungskonzept aus dem Familienalltag: Kinder wollen schon oft sehr früh ein Smartphone haben. „Alle in der Klasse haben schon eines!" Eltern geben solchen Wünschen leider oft ohne Wenn und Aber statt. Es liegt aber in ihrer Verantwortung zu entscheiden, ob ihr Kind dafür schon reif ist. Und bei einem „Nein" muss man dann auch die Reaktion des Kindes aushalten können ... und auch das Bedürfnis des Kindes nach sozialer Interaktion würdigen, das man z. B. dadurch unterstützen kann, indem man ihm viele Treffen mit Freundinnen und Freunden ermöglicht.

B

Ein Beispiel aus dem Schulalltag

Eine Schulklasse diskutiert über einen Ausflug und entscheidet sich für die Fahrt in einen Vergnügungspark: zwei Stunden hin, zwei Stunden zurück mit dem Bus und hohes Eintrittsgeld. Ich lehne das ab, weil ich erstens vier Stunden Fahrt für vier Stunden Vergnügen unverhältnismäßig halte und zweitens, weil ich andere Ansprüche an Ausflüge habe (Bewegung, Gemeinschaftserlebnis oder etwas Neues über die Welt erfahren). Ich versuche, das Bedürfnis der Klasse nach einem schönen Erlebnis anzuerkennen und mache gleichzeitig verschiedene Alternativvorschläge, bei denen die Klasse etwas gemeinsam erleben kann und die Fahrt nicht so lange dauert. Der Vorschlag einer Kanutour wird auch deshalb angenommen, weil damit eine Übernachtung in Tipis verbunden ist.

Ein „Nein" provoziert zwar Ärger, den manche Erwachsene zu vermeiden versuchen, was Kinder und Jugendliche auch nicht glücklicher macht, denn sie brauchen Erwachsene, die ihnen Orientierung geben. Und orientierungslose und haltlose Kinder und Jugendliche erleben wir in den Schulklassen leider viel zu oft. Aus diesem Grund halte ich die Reduzierung der Aufgabe von Lehrkräften auf Lernbegleitung für einen fatalen Irrtum. Lehrpersonen haben eine Führungsaufgabe.

> „Dafür braucht es Lehrpersonen, die sich für Werte einsetzen und als Bildungsagenten agieren, mit dem Ziel, Schülerinnen und Schüler in allen Bildungsbereichen zu befähigen, eigene Entscheidungen sinnvoll zu treffen." (Zierer 2021, S. 74)

2.5 Haltung und Berufsethos

> „Ohne Haltung des Pädagogen [gibt es] keinen Halt für die Schülerinnen und Schüler."
> (Schley / Schratz 2021, S. 73)

Haltung basiert auf dem Berufsethos und den Werten, die unser Handeln bestimmen, die wirkmächtiger sind, wenn sie vom gesamten Team und von der gesamten Schule, vor allem von den Leitungspersonen, geteilt und getragen werden. Sie können in einem schulischen Leitbild zum Ausdruck kommen, und dieses entfaltet mehr Wirksamkeit, wenn es in einem partizipativen Prozess der gesamten Schulgemeinde entwickelt wird (Instrumente dafür finden Sie in den Downloadmaterialien 3). Die Menschen- und Kinderrechte sind dabei essenziell. Meiner Erfahrung nach sind zwei Leitsätze schon eine gute Grundlage, gerade in Krisenzeiten:

- Die Achtung der Menschenwürde (oder in der Sprache der Jugendlichen: „Respekt") bezieht sich auf alle, gleich welchen Geschlechts, welcher Herkunft, welcher Religion usw. und schließt alle Formen von Rassismus, Diskriminierung, Ausgrenzung und gruppenbezogener Menschenfeindlichkeit aus.
- Das Recht auf physische und psychische Unversehrtheit schützt vor Gewalt, körperlichen und psychischen Übergriffen, Abwertungen, Herabsetzung und Straf-Pädagogik.

Leitbilder dürfen aber nicht zu Broschüren- und Festtagsredenlyrik verkommen. Wenn sie sich nicht im tagtäglichen Miteinander zeigen, sind sie wertlos. Ich habe selbst oft erlebt, dass die „Philosophie" einer Schule schon beim Betreten des Gebäudes z. B. in der Freundlichkeit, Hilfsbereitschaft und Selbstsicherheit der Schülerinnen und Schüler erfahrbar werden kann. Weiterhin sollten Haltung und Berufsethos nicht statisch verstanden werden, sondern als Prozess, in dem Konflikte, Verletzungen, Grenzüberschreitungen und Dilemmasituationen wichtige Anlässe sein können, eigenes Handeln und Wertsetzungen zu reflektieren und zu verändern. Haltung und Berufsethos sollten schon in der ersten Phase der Lehrkräfteausbildung thematisiert werden. Was ist mir wichtig? Wofür bin ich unterwegs? Wovon lasse ich mich leiten? Solche Fragen können vor und während des Berufseinstiegs immer wieder neu beantwortet werden. Sie sind auch für die Lernenden wichtig, z. B. beim Kennenlernen in einer neuen Klasse, im sozialen Lernen.

Gerade in Zeiten der Krise ist eine Reflexion der eigenen Werte und des eigenen Berufsethos wichtig. Für mich ist dabei zentral, und das ist meine vierte These, dass Lehrkräfte sich in erster Linie nicht so sehr als Vertretung des Staates sehen, sondern als „Anwälte“ der Kinder und Jugendlichen, deren Aufgabe es ist, die ihnen Anvertrauten dabei zu unterstützen, damit sie Selbstwertgefühl und Selbstwirksamkeitsüberzeugung entwickeln und so ihren eigenen Weg ins Leben bahnen können.

Diskussionen und Publikationen über Berufsethos sind oft geprägt von einem Gegensatz zwischen hohen normativen Ansprüchen (wie sie z. B. beim „Deutschen Lehrerpreis“ medienwirksam verbreitet werden) und einer Rhetorik des Scheiterns bzw. Klagens über fehlende Handlungsspielräume. Beides hat zur Folge, dass Handlungsspielräume nicht ausgeschöpft werden (vgl. Prengel 2020, S. 68). Ich stimme Annedore Prengel zu, dass es meistens möglich ist, „‚genügend gut‘ pädagogisch zu handeln“ und „auch in schwierigsten Situationen Schritte zum Besseren zu wagen“ (ebd., S. 67).

i

Prengel schlägt *sieben Prinzipien ethischer Pädagogik* vor (Prengel 2020, S. 69 ff.)

1. *Selbstsorge* schließt fachliche Kompetenz und Sorge für das persönliche Wohlbefinden ein.
2. *Nicht-Schaden* dient der Verwirklichung der in der Kinderrechtskonvention verankerten Schutzrechte.
3. *Wohltun* bezieht sich auf die Entwicklung der Kinder und Jugendlichen und meint die Förderung der körperlichen, seelischen, sozialen und kognitiven Entwicklung.
4. *Entwicklungsangemessene Autonomie* wird u. a. auch durch Ermöglichung von Partizipation gefördert.
5. *Advokatorische Verantwortung* entspricht der oben formulierten These 4.
6. *Gerechtigkeit* im pädagogischen Handeln soll die Chancengleichheit ebenso wie die Teilhabe aller Kinder und Jugendlichen fördern und ist daher mit dem Prinzip der Inklusion verbunden.
7. *Fürsorgliche Gemeinschaft* ist geprägt durch die „Care-Ethik“ und die Prinzipien der Achtsamkeit und Wertschätzung.

Anmerken möchte ich, dass aus meiner Sicht Gerechtigkeit nicht heißen kann, alle gleich zu behandeln, weil das die Ungerechtigkeiten verstärken würde. Die Benachteiligten brauchen unsere besondere Fürsorge. Und Fürsorge (wozu auch die Solidarität der Schülerinnen und Schüler untereinander gehört, s. Kapitel 6), „Wohltun“ sowie Selbstsorge als Voraussetzung sind in den gegenwärtigen Zeiten besonders wichtig.

Zu ergänzen ist aus meiner Sicht erstens, dass diese Prinzipien nur glaubwürdig sind, wenn die Leitungspersonen und Lehrkräfte integer handeln, das heißt, wenn Reden und Handeln übereinstimmen. Das zeigt sich besonders bei Konflikten und Grenzsetzungen. Für die Umsetzung ethischer Leitsätze braucht es Beziehungskompetenz (vgl. Kapitel 3) und eine professionelle Klassenführung (s. Kapitel 4). Zweitens sollte ein Schul- und Berufsethos m.E. nicht zum Instrument einer Moralpolizei werden. Daher Vorsicht vor übertriebener „pedagogical correctness“!

2.6 Resilienz durch Bindungssicherheit

„Das Zeitalter der Resilienz“ – so betitelt der bekannte Wissenschaftler, Visionäre und Politikberater Jeremy Rifkin sein neuestes Buch. Zwar bezieht sich Rifkin vorwiegend auf Ökologie, Ökonomie und Politik, sein Ansatz schließt aber auch Soziales mit ein. Resilienz bedeutet für ihn, mit Veränderungen leben zu lernen und die Fähigkeit zu entwickeln, mit Herausforderungen umgehen zu können (Rifkin 2022, S. 198). Er wendet sich gegen den ökonomischen Effektivitätswahn und die Ausbeutung der Natur.

Unter Resilienz bei Kindern und Jugendlichen wird in der Regel die Fähigkeit verstanden, sich trotz Risikofaktoren gut zu entwickeln, mit Stress klarzukommen und traumatische Erlebnisse verarbeiten zu können. Zwei Drittel stark belasteter Kinder bleiben nachhaltig verletzt, wie Studien zeigen. Die Frage ist also, was bei dem restlichen Drittel dazu geführt hat, dass sie ein gesundes Selbstwertgefühl, Zuversicht und Fürsorglichkeit entwickeln können (vgl. Menges 2023, S. 8 ff.)

Hier zeigen Studien ein klares Bild: Ein Forschungsbericht aus dem Jahr 2019 kam zum Ergebnis, „dass es vor allem von der Fürsorge der Eltern oder Bindungspersonen abhängt, ob sich ein Kind erfolgreich an eine von Verwerfungen und Umbrüchen gekennzeichnete Welt anpasst und widerstandsfähig wird“ (Rifkin 2022, S. 291). Sichere Bindung sei eine Voraussetzung für die Entwicklung von Resilienz. Bemerkenswert finde ich Rifkins Gedanken, dass auch die Bindung an die Natur wichtig sei. Das „In-der-Welt-Sein“ sei kaum noch möglich, wenn Kinder nur noch in virtuellen Welten unterwegs seien (ebd., S. 291 f.). Die „Harvard Adult Development Study“ ist die am längsten laufende wissenschaftliche Studie zur Entwicklung von Menschen. Sie kommt zu ähnlichen Ergebnissen. Abgesehen von der Relevanz körperlicher Gesundheit, zu der man selbst durch Bewegung, gesunde Ernährung und Verzicht auf Drogen (auch Nikotin und Alkohol!) beitragen kann, sind die wichtigsten Faktoren für Resilienz und Lebensfreude die Bindungssicherheit, die Wärme und Intensität der sozialen Beziehungen. Dafür sind in der frühen Kindheit die Eltern wichtig, aber auch die Bezugspersonen im späteren Leben.[15] Christina Berndt fasst es in der prägnanten Überschrift zusammen: „Bindung schafft Resilienz“

15 https://news.harvard.edu/gazette/story/2017/04/over, recherchiert am 27.02.2023

(Berndt 2013, S. 165). Auch Erzieher:innen sowie Lehrkräfte spielen hierbei eine wichtige Rolle, der sie dann gerecht werden würden, wenn sie die Ressourcen und Fähigkeiten der Kinder sehen (vgl. ebd., S. 164 ff.).

Alle Befunde weisen darauf hin, dass Resilienz gerade in Krisen besonders bedeutsam ist, dass es damit aber aktuell nicht gut aussieht. Anfang 2023 wurde in dem Bericht einer Arbeitsgruppe von Bundesfamilienministerium und Bundesgesundheitsministerium die bedenklich stimmende Zahl von 73 Prozent psychisch belasteter Kinder genannt.[16] Kein Wunder, dass Schulleitungen sich für mehr schulpsychologische Angebote aussprechen und Fachleute wie Julian Schmitz von der Universität Leipzig den Ausbau des Hilfesystems fordern (ebd.). Aber solche systemischen Lösungen werden lange dauern, und nicht nur deshalb halte ich es für wichtig, was Lehrkräfte mit ihrer Klassenführung bewirken können. Julian Schmitz schlägt hierzu vermehrt Gespräche mit den Kindern und Jugendlichen vor. Wichtig sei, „Räume zu öffnen für die Themen, die Kinder und Jugendliche bewegen. Kinder können hier auch lernen, über ihre Gefühle zu sprechen. Oft machen sie dies nicht, weil sie Angst vor Stigmatisierungen haben. Und auch über das Thema Schule sollten Schülerinnen und Schüler mit den Lehrkräften in einen konstruktiven Austausch kommen. Kinder und Jugendliche sollten äußern können, wie es ihnen in der Schule geht, was sie sich anders wünschen im Unterricht und im Schulalltag“ (ebd.).

Faktoren zur Entwicklung von Resilienz im Schulalltag

Robin Menges sieht sieben Faktoren zur Entwicklung von Resilienz im Schulalltag, von denen ich einige in aller Kürze nennen möchte:

- Selbstregulation z. B. durch Achtsamkeitstraining, denn Erwachsene müssten sich zuerst um die Beruhigung ihres eigenen Erregungssystems und ihre eigenen emotionalen Reaktionen kümmern, bevor sie Kinder beruhigen und unterstützen können
- Zugehörigkeit gewährleisten (s. dazu auch Kapitel 6 und die Übung „Mein eigener sicherer Ort“ in den Downloadmaterialien 20)
- Eine Interaktionsqualität, die dem „Kind vermittelt, dass es in seiner Not und in seinem Schmerz gesehen wird“
  - Individuelle Schmerz- und Stressbewältigungsstrategien respektieren, wozu z. B. Tagträumerei, Ticks und Unruhezustände gehören können
  - Selbstkompetenzen des Kinders stärken, z. B. Selbstwirksamkeitsüberzeugung und Selbstwertgefühl. Dazu können auch gut dosierte Herausforderungen beitragen.

(vgl. Menges 2023, S. 10 f.).

16 vgl.https://deutsches-schulportal.de/bildungswesen/news-blog-corona-schule-neues-schuljahr, recherchiert am 27.02.2023

Dazu fällt mir der Stoßseufzer einer Fortbildungsteilnehmerin ein: „Was sollen wir denn noch alles machen? Und wo lernt man das denn?“ Meine Antwort: Sie müssen nicht *mehr* machen, sondern das, was Sie machen, vielleicht in einigen Punkten ändern. Vielleicht machen Sie auch schon vieles gut. Wichtig ist, an unserer Beziehungskompetenz zu arbeiten, und das machen wir schon dann, wenn wir die unvermeidlichen tagtäglichen Misserfolge reflektieren, uns nicht entmutigen lassen und uns auch an den kleinen Erlebnissen des Gelingens erfreuen. Darauf gehe ich in Kapitel 3 näher ein.

Literatur

Eingangszitat aus einem Interview mit Aladin El-Mafaalani in: Erziehung und Wissenschaft, Heft 12/2022-01/2023, S. 33.

Albers, Andrea (2023): Klassenführung. In: Pädagogik, Heft 1/2023, S. 6ff.

Berndt, Christina (2013): Resilienz. Das Geheimnis der psychischen Widerstandskraft. Was uns stark macht gegen Stress, Depressionen und Burn-out. München: dtv.

Graf, Lisa (2022): Abgehängt. Von Schulen, Klassen und anderen Ungerechtigkeiten. Weckruf einer Lehrerin. München: Heyne.

Hattie, John (2012): Visible learning for teachers. London New York: Routledge.

Helmke, Andreas (2003): Unterrichtsqualität. Erfassen – bewerten – verbessern. Seelze: Klett Kallmeyer.

Helmke, Andreas/Helmke, Tuyet (2014): Wie wirksam ist gute Klassenführung? In: Lernende Schule, Heft 65/2014, S. 9ff.

Klaffke, Thomas (2022a): Klassen führen. Klassen leiten. Beziehungen, Lernen, Classroom Management. 3. Aufl. Hannover: Klett Kallmeyer.

Klaffke, Thomas (2022c): Classroom Management neu denken. In: Klasse leiten, Heft 19/2022, S. 4ff.

Kounin, Jacob S. (1976): Techniken der Klassenführung. Bern: Waxmann.

Menges, Robin (2019): SelbstWertGefühl. Ein Handbuch zur Stärkung von Kindern und Jugendlichen. Steyr: Ennsthaler.

Menges, Robin (2023): Hören wir Resilienz und denken unverwundbar? Kinder in Krisen sinnvoll begleiten. In: Klasse leiten, Heft 23/2023, S. 8ff.

OECD-Lernkompass 2030. OECD-Projekt Future of Education and Skills 2030. Rahmenkonzept des Lernens: https://www.oecd.org/education/2030-project/contact/OECD_Lernkompass_2030.pdf, recherchiert am 15.09.20223.

Prengel, Annedore (2020): Ethische Pädagogik in Kitas und Schulen. Weinheim/Basel: Beltz.

Rifkin, Jeremy (2022): Das Zeitalter der Resilienz. Leben neu denken auf einer wilden Erde. Frankfurt/New York: Campus.

Schratz, Michael; Michels, Inge; Wolters, Angelika (Hrsg.) (2021): Menschen machen Schule. Mutig eigene Wege gehen. Seelze: Klett-Kallmeyer Verlag.

Schley, Winfried/Schratz, Michael (2021): Führen mit Präsenz und Empathie, Weinheim/Basel: Beltz.

Schönbächler, Marie-Theres (2008): Klassenmanagement. Situative Gegebenheiten und personale Faktoren in Lehrerpersonen- und Schülerperspektive. Bern: Haupt.

Schuster, Beate (2020): Führung im Klassenzimmer. Disziplinschwierigkeiten und sozialen Störungen effektiv begegnen – der LMU-Leitfaden für Miteinander im Unterricht. E-Book, Wiesbaden: Springer Fachmedien (2. Aufl.).

Zierer, Klaus (2021): Ein Jahr zum Vergessen. Wie wir die Bildungskatastrophe nach Corona verhindern. Freiburg im Breisgau: Herder.

3 Beziehungskompetenz als Grundlage für Klassenführung

„Für Kinder aus Nichtakademikerfamilien wie mich sind Lehrerinnen und Lehrer wie Herr Damm oft entscheidend. Er hat ein Miteinander geschaffen, statt von oben herab zu uns zu sprechen. Er hat sich die Zeit genommen, um genau hinzusehen: Was habe ich da eigentlich für Menschen vor mir sitzen?"

(Pinar Atalay)

Kunstunterricht in der Oberstufe. Die Lehrerin stellt die Aufgabe, ein Selbstporträt zu erstellen, und schleicht mit hinter dem Rücken verschränkten Händen von Tisch zu Tisch. Die Schülerinnen und Schülern versuchen, verzweifelt über ihre Zeichenblöcke gebeugt, wenigstens die Umrisse ihrer Gesichter halbwegs ordentlich hinzubekommen. So auch Kirsten, das „einzige Talent" der Klasse, deren nahezu vollendetes Werk von Frau Hügel, der Kunstlehrerin, begutachtet wird, Kommentar: „Ausgesprochen gelungen. Respekt: Mut zur Hässlichkeit." Nach einer „ins Unerträgliche gedehnten Pause", in der alle wie gelähmt auf sie starren, steht Kirsten auf und rennt mit vor die Augen geschlagenen Händen nach hinten aus dem Kunstraum in das steinerne Treppenhaus.

Mit dieser Szene beginnt der Roman „Spitzweg" von Eckhart Nickel. Ich habe lange angenommen, dass ein solches Verhalten von Lehrerinnen und Lehrern, wie es hier beschrieben wird und wie ich es selbst als Schüler erlebt habe, längst der Vergangenheit angehört, bis ich die Studien von Annedore Prengel kennengelernt habe. Immer noch sind etwa 20 % der Äußerungen von Lehrkräften herabsetzend und 6 % sogar psychisch übergriffig, obwohl bei diesen Studien beobachtende Studierende mit im Raum saßen (vgl. Prengel 2019). Ich habe selbst dazu recherchiert und einige solcher Äußerungen gesammelt, die mir Teilnehmende aus meinen Fortbildungsveranstaltungen haben zukommen lassen und für deren Authentizität sie sich verbürgten:

„Bei euch sieht es wie in einem Schweinestall aus
und wahrscheinlich kommt ihr auch daher!"

„Da, wo du herkommst, kann man ja auch nichts anderes erwarten!

Mit so einer Arbeitseinstellung kannst du höchstens
bei Schlecker an der Kasse arbeiten!"

„Dieser Test zeigt, dass du es nicht kannst und dass du es auch nie können wirst!"

> Prengel kommt aufgrund ihrer Studien zu dem Ergebnis, „dass leider in allen pädagogischen Kontexten Verletzungen in Form von Diskriminierungen, Demütigungen, Beschimpfungen oder Vernachlässigungen durch die hier berufstätigen Erwachsenen zu beobachten sind. Solches berufliches Fehlverhalten bleibt häufig ohne Folgen, weil man im Kollegenkreis einander persönlich nicht zu nahetreten will." (Prengel 2020, S. 81)

Die große Frage ist, ob Lehrkräfte in ihrer Ausbildung Entscheidendes lernen, um im Berufsalltag in der Lage zu sein, konstruktive Beziehungen zu den Lernenden zu entwickeln. Die Vermutung liegt nahe, dass destruktive Persönlichkeitsanteile oder auch die Übernahme altbekannter Rezepte („Don't smile before Christmas") durch „erfahrene" Kolleginnen und Kollegen nicht selten wirksam sind. Allzu sehr liegt der Schwerpunkt in der Ausbildung auf dem Erwerb von Fachkompetenz und Didaktik, die für den Beruf unabdingbar sind, aber allein nicht ausreichen. An der Universität erfährt man vielleicht auch Theoretisches über Pädagogik und Psychologie, aber die Entwicklung persönlicher Kompetenzen in diesem Bereich wird nur in Anwendung und durch Erprobung gelingen. Hier kann man im Referendariat Glück haben, wenn in der Ausbildung z. B. immerhin noch die Lehrer-Schüler-Interaktionen thematisiert werden. Kein Wunder, dass es für die allermeisten Berufseinsteigenden die größte Herausforderung darstellt, im Klassenzimmer klarzukommen (vgl. Kapitel 4). Ein erfahrener Schulleiter dazu: „Wenn jemand mit einer Eins ins Studium geht, garantiert mir das noch nicht, dass derjenige auch menschlich für diesen Beruf qualifiziert ist." Bei den hohen Zugangsvoraussetzungen an den Hochschulen bestehe momentan das Problem darin, dass der Fokus zu sehr auf den fachlichen Kompetenzen liege (Rhein-Neckar-Zeitung, 08.02.2023). Das muss in Krisenzeiten bedenklich stimmen, denn Kinder und Jugendliche brauchen gerade jetzt Lehrkräfte, von denen sie sich gesehen und angenommen fühlen, die sie unterstützen und ermutigen und die auch selbst mit sich klarkommen.

Hier stellt sich die Frage, ob man „zum Lehrerberuf geboren" wird oder ob er ein erlernbares Handwerk ist. Oft wird von „Naturtalenten" gesprochen. Nach meiner Erfahrung haben sich diese Talente jedoch meist in der Sozialisation herausgebildet, z. B. weil man als ältestes Kind Verantwortung für die jüngeren Geschwister übernommen hat oder in Jugendgruppen, Vereinen usw. gelernt hat, andere anzuleiten und zu führen (vgl. Klaffke 2009). Meine These ist, dass Beziehungskompetenz erlernt und vertieft werden kann. Solange die Ausbildung in dieser Hinsicht defizitär ist, sind berufsbegleitende Reflexion (z. B. durch Supervision) und Fortbildungen besonders in der Berufseingangsphase wichtig (mehr dazu in Kapitel 7).

3.1 Beziehungen und Beziehungskompetenz

Die Beziehungskompetenz von Lehrkräften ist ein entscheidender Faktor für gelingende Klassenführung und auch für Lernerfolge (vgl. Fischer/Richey, S. 50ff.). „Gelingende Beziehungsgestaltung ist die zwingende Voraussetzung für den schulischen Bildungsprozess, sie ist der unabdingbare Transfusionskanal, über den Bildungsinhalte die Schüler erreichen können" (Bauer 2008, S. 14). An dieser Stelle halte ich es für wichtig, den Begriff „Beziehung" im pädagogischen Bereich zu definieren.

Baer/Koch (2020, S. 26) verstehen unter Beziehungen „Begegnungen zwischen zwei und mehr Menschen, die besondere Merkmale haben:

- In Beziehung findet Resonanz, also ein wechselseitiger Austausch von Gefühlen, Körpererlebnis, Gedanken und anderen Elementen des Erlebens statt.
- Beziehungen brauchen Kontinuität. Sie müssen sich entwickeln können und wachsen."

Hier wird deutlich, dass gelingende Beziehungen in der Schule nur entstehen, wenn es zu resonanten Begegnungen mit Kontinuität kommt. Daher sind feste Bezugspersonen besonders für Kinder wichtig: Klassenlehrerinnen und -lehrer sowie Lehrkräfte, die mit mehreren Fächern eingesetzt sind, und/oder Tutorinnen/Tutoren bei Älteren. Daher sind häufige Lehrkräftewechsel durch einen kleinteiligen 45-Minuten-Stunden-Takt oder durch Krankheiten usw. auch so ungünstig und unbeliebt. Durch Kontinuität können Bindungen entstehen, die durch Vertrauen und Zugewandtheit eine besondere, in der jetzigen Situation besonders wichtige Beziehungsqualität ermöglichen. Ob diese Qualität entstehen kann, hängt auch von der Beziehungskompetenz der Erwachsenen ab.

> Jesper Juul und Helle Jensen definieren Beziehungskompetenz als die Fähigkeit, „das Kind und seine jeweilige Realität [...] zu sehen und sein persönliches Verhalten entsprechend anzupassen, ohne seine Führungsrolle aufzugeben. Es ist auch die Fähigkeit, authentisch in Kontakt zu bleiben, sowie die Fähigkeit und Bereitschaft, die volle Verantwortung für die Qualität der Interaktion zu übernehmen." Demnach sei Beziehungskompetenz sowohl eine „Frage des pädagogischen Handwerks als auch eine Frage der Ethik".
>
> (Juul/Jensen 2005, S. 138)

Menges (2019, S. 193) sieht drei Bereiche: Erstens die Selbstkompetenz (s. Kapitel 3.7), zweitens „die Fähigkeit, die Welt des anderen aus dessen Blickwinkel zu sehen und sein Fühlen zu fühlen" und seine Realität ernst zu nehmen, und drittens „die Gestaltung des Miteinanders im Hier und Jetzt. Dazu gehört Führungskompetenz, Interesse, zu Reaktionen einladen und die Verantwortung für die Stimmung der Interaktion."

Die Fähigkeit von Lehrkräften, Kinder und Jugendliche und ihre jeweilige Situation zu sehen und sie so anzunehmen, wie sie sind, bedeutet für mich auch, den Fokus nicht auf deren Schwierigkeiten und Probleme zu legen. Lehrerinnen und Lehrer können Schatzsucher, Ermutiger und „Bestärker" sein, und sie können viel zur Entwicklung von Selbstgefühl und Selbstwirksamkeitsüberzeugung beitragen, vor allem, wenn sie den Heranwachsenden das Gefühl geben können, wertvoll für andere zu sein, und dies auch in konkreten Situationen benennen können. Beispiel: „Jule, ich finde es wirklich schön, wie du dich um Josefina kümmerst!"

A

Ein Vorschlag: Legen Sie sich ein Journal für Ihre Klasse an. Jede:r bekommt eine Seite, die Namen kommen in die Mitte und nach und nach legen Sie ein Cluster für die Stärken Ihrer Lernenden an (s. Abb. 1, auch im Downloadmaterial 4).

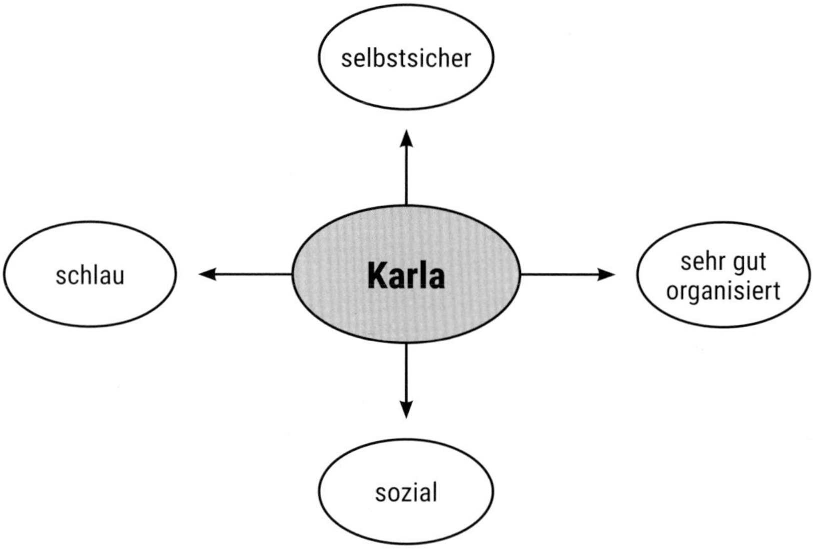

Abb. 1: Journal der Stärken

Kinder und Jugendliche merken, wie sie von uns gesehen werden. Dies vermittelt sich durch unsere Körpersprache (s. unten) und durch den Blickkontakt zwischen ihnen und uns. Wir blicken meistens unbewusst und zeigen damit unsere Gefühle für den / die anderen, daher ist es interessant, uns bewusst zu machen und zu reflektieren, wie wir schauen.

A

Hierzu möchte ich eine kleine Übung vorschlagen:
Stellen Sie sich vor einen Spiegel und spielen Sie mit Ihrem Blick. Versuchen Sie

- freundlich / wohlwollend / interessiert / ermutigend / gleichgültig / genervt / abweisend zu schauen.
- Fallen Ihnen noch weitere Varianten ein?
- Was fällt Ihnen leicht, was fällt Ihnen schwer?

Freundlich oder wohlwollend angeschaut zu werden, ist besonders für Kinder in schwierigen Lagen und für solche, die merken, dass wir oft von Ihnen genervt sind, besonders wichtig.

3.2 Empathie und Anerkennung

Die Fähigkeit zur Empathie basiert auf einem gleichwürdigen Menschenbild und einer ethischen Haltung (s. Kapitel 2). Empathie ist in Zeiten der Krise besonders wichtig, und vor allem dann, wenn die Verhaltensweisen der Kinder und Jugendlichen für uns nicht einfach sind. Krisen führen zu Stressreaktionen, und Stress führt oft zu Verhalten wie Aggressivität oder Rückzug. Hier ist es wichtig, die Symptome zu deuten und die Kinder nicht „abzukanzeln", sondern Verständnis zu zeigen und uns an unsere ethischen Ansprüche zu erinnern. Ein Beispiel:

B

An einem dunklen, nasskalten Morgen im Januar sitzt Aaron* missmutig an seinem Platz und starrt vor sich hin. Ich gehe zu ihm und schaue ihn fragend an: „Ich hab keinen Bock! Ich hab keinen Bock!", schreit er durch die Klasse. Ich warte erst mal ab. Früher hätte ich ihn vielleicht aufgefordert, endlich mit seiner Arbeit anzufangen, oder ihn gefragt, ob er irgendetwas nicht verstanden hat oder – besser – ihn zu ermutigen versucht. Aber würde man ihn damit in seiner Situation sehen?
Ich setze mich neben ihn, er schaut mich fragend an und ich sage sinngemäß, dass ich ihn gut verstehen könne, heute sei ja auch kein so schöner Tag, ich hätte mich am Morgen auch aus dem Bett gequält.
Ob ich irgendetwas für ihn tun könne. Aaron brummt irgendetwas. Ich frage ihn, ob er Lust auf eine kleine Übung hätte, die ich mit Jusuf auch schon gemacht habe, weil der Kopfschmerzen hatte, und ihm ging es danach besser. Aaron sagt deutlich „o. k.", und ich mache die „Augentrost-Übung" mit ihm (s. Downloadmaterial 5). Nach der Übung schaut er mich an, lächelt und sagt: „Ich versuchs mal!"

*Die Namen in allen Fallbeispielen sind geändert!

Ich handelte hier intuitiv aus dem Bauchgefühl heraus, aber auch mit der Erfahrung, dass es nichts bringt, gegen fehlende Motivation mit der Brechstange vorzugehen, sondern etwas zu finden, was der Situation des Kindes entspricht. Die Übung hätte auch „schiefgehen" können, vielleicht wäre ein Gespräch sinnvoller, aber ich hatte hier das Gefühl, dass Aaron zum Reden nicht aufgelegt war und etwas Nonverbales sinnvoller sein könnte.

Bei Kindern und Jugendlichen mit herausforderndem Verhalten fällt es Lehrkräften oft nicht leicht, Verständnis zu zeigen. Es kann helfen, wenn man zwischen Person und Verhalten unterscheidet und hinter die Kulissen zu schauen, um sich klarzumachen, was zu diesem für uns schwierigen Verhalten geführt haben könnte. Ursachen können z. B. sein:

- mangelndes Selbstgefühl und der Wunsch nach Aufmerksamkeit;
- ungünstige Erfahrungen in der Familie (Trennung der Eltern, Gewalt, Übergriffe);
- Traumatisierungen (mehr dazu in Kapitel 5).

Es hilft hier nicht weiter, diesen Heranwachsenden mit Druck, Härte und Ablehnung zu begegnen. Für sie ist es zwar wichtig, dass wir unsere Grenzen klar zeigen und dass ihr Verhalten für uns nicht akzeptabel ist, aber genauso wichtig, dass sie in ihrem „Mensch-Sein", in ihrer Situation mit all ihren Schwierigkeiten gesehen, verstanden und akzeptiert zu werden – dass wir also „ihr Fühlen fühlen" und ihre Realität ernst nehmen, um auf Robin Menges zurückzukommen (Menges s. o.). Alles bewusst oder unbewusst ausgrenzende Verhalten von Lehrkräften ist daher kontraproduktiv. Und kontraproduktiv sind auch schnelle Lösungen, die über das existenzielle Problem der Heranwachsenden hinweggehen (mehr dazu in Kapitel 6).

3.3 Beziehungen zu den Zurückgezogenen

Während wir die lauten, unruhigen, aggressiv wirkenden und für uns schwierigen Schülerinnen und Schüler immer auf dem Schirm haben, gehen uns die zurückgezogenen oft verloren. Diese Gruppe ist in der Zeit der Pandemie und des Ukrainekriegs angewachsen. Ich möchte diese Gruppe, auch wenn die Trennlinien nicht immer ganz deutlich sind, von den Schüchternen unterscheiden, die einfach stiller sind als die anderen. Ihnen, den Schüchternen, hilft es, wenn man ihre Stärken und Kompetenzen herauszufinden versucht und sie ermutigt, sich in das Geschehen einzubringen. Das ist einfacher für sie, wenn man sie nicht unvorbereitet „aufruft", sondern mit ihnen verabredet, wo und womit sie Beiträge im Unterricht leisten können, z. B. das Vorstellen einer Hausaufgabe oder eines Arbeitsergebnisses oder mit einem verabredeten Beitrag im Gesprächskreis usw. (vgl. Born 2023). Hilfreich kann auch sein, wenn Lehrkräfte nicht immer sofort jene drannehmen, die sich melden, sondern erst mal abwarten, ob von anderen, die nicht so schnell sind, auch etwas kommt. Auf jeden Fall ist es förderlich, ihnen das Gefühl zu vermitteln, dass man sie auch beachtet und gerne in das Geschehen einbeziehen möchte.

Die durch Lockdown und anschließende Krisen vermehrt auftretende Problematik der *Zurückgezogenen* kann man im Unterricht meistens nicht angehen, vor allem wenn hier noch depressive Tendenzen hinzukommen. In manchen Familien herrschen Sprachlosigkeit und auch Sprechverbote in der Außenwelt über das, was sich innerfamiliär abspielt. Wenn hier noch die Probleme der Krisenzeiten hinzukommen, werden die Hemmschwellen, sich zu äußern, immer höher.

Zu dieser Problematik konnte ich im Februar 2023 ein Gespräch mit dem Münchner Traumatherapeuten Willi Butollo führen. Er sieht bei diesen Heranwachsenden das Fehlen der Fähigkeit, mit dem durch die Krisen ausgelösten Stress umzugehen. Sie hätten gelernt, sich unter Stress zurückzuziehen, zu verstecken und still zu sein. Oft werden sie auch ausgelacht und beschämt, wenn sie ihre Ängste zeigen, und wenn ihr Erleben nicht ernst genommen wird, teilen sie sich auch nicht mehr mit. Für Lehrkräfte sei wichtig, dass sie aus einer entspannten und interessierten Grundhaltung auf diese Kinder und Jugendliche zugehen, etwas von sich selbst zeigen, über ihre eigenen Ängste und Sorgen sprechen – und damit ein Modell für die Zurückgezogenen sind – und sie einladen, darüber zu sprechen, wo sie sich nicht verstanden und respektiert fühlen (das vollständige Interview ist in Klasse leiten Heft 23/2023, S. 16 ff. abgedruckt, vgl. Klaffke 2023). Anzumerken ist, dass Lehrkräfte auf keinen Fall versuchen sollten, „therapeutisch" tätig zu werden. Diese Kinder und Jugendlichen brauchen hierfür Fachkräfte und besonders in der oft langen Wartezeit auf solche Termine verständnisvolle Bezugspersonen.

Fazit: Empathie ist wichtig, um alle Schülerinnen und Schüler der Klasse zu erreichen (s. Kapitel 4: Klassenführung mit Empathie.).

A

Vorschlag: Wie viel Beachtung schenken Sie den einzelnen Kindern und Jugendlichen Ihrer Klasse? Nehmen Sie sich einen Sitzplan und kreuzen Sie so oft wie möglich an, mit wem sie in Kontakt gegangen sind – jeweils in einer unterschiedlichen Farbe:

- aus persönlichem Interesse heraus („Wie geht es dir heute?" ...);
- wegen eines unterrichtlichen Themas, Lernen, inhaltliche Fragen usw.;
- wegen Verhalten (Störung, Konflikt) usw.;
- wegen anderer Fragen (Organisation, Logistik, Classroom Management ...).

In manchen Klassen ist dies vermutlich nicht zu leisten, da Sie genug zu tun haben. Sie können daher eine Kollegin / einen Kollegen bitten, diese Beobachtungen festzuhalten, und übernehmen das dann auch in ihrer / seiner Klasse. Nach der Auswertung können Sie überlegen, wie Sie ihre Aufmerksamkeit gleichmäßiger verteilen können. Wie schon oben gesagt: Ermutigen Sie die Stillen, sich einzubringen, und verabreden Sie sich mit Ihnen, wo das möglich ist („Drannehmen mit Ansage").

3.4 Kindern und Jugendlichen zuhören

Die Fähigkeit, authentisch in Kontakt zu kommen, vermittelt sich durch unsere verbale und nonverbale Kommunikation. Hier haben Lehrkräfte das Problem, dass sie oft viel zu viel reden, auf andere einreden, sie belehren wollen und Moralpredigten halten oder auch „nur" schnell mit Lösungsvorschlägen sind. Sogar der in Kapitel 2 erwähnte Lehrer Bachmann ist nicht frei davon. „Dialoge" misslingen, wenn über die Köpfe der Gesprächspartner hinweg geredet wird, mit dem Resultat, dass sie sich nicht verstanden fühlen. Nicht zufällig haben Lehrerinnen und Lehrer den Ruf, alles besser wissen zu wollen und/oder andere zuzutexten.

Die Realität der Kinder und Jugendlichen können wir nur ernst nehmen, wenn wir ihnen auch zuhören und uns um Verständnis bemühen. Hier finde ich zwei Modelle interessant:

Claus Otto Scharmer sieht vier Qualitäten des Zuhörens:

1. „Herunterladen": alles findet man altbekannt; man hört, was man schon zu wissen glaubt, nichts Neues;
2. „Faktisches Zuhören": open mind, Blick nach außen, es kann im Widerspruch zu den eigenen Ideen stehen;
3. „Empathisches Zuhören": hineindenken in jemanden, soziale Komplexität;
4. „Schöpferisches Zuhören": einen Raum intensiver Aufmerksamkeit schaffen, hier wird etwas geboren (nach Schley/Schratz 2021, S. 48).

Auch wenn für mich die Ebenen 2 und 3 zusammengehören und empathisches Zuhören auch nur in einem „Raum intensiver Aufmerksamkeit" möglich ist, finde ich Scharmers Modell interessant. Eine Beziehung zu den für uns Schwierigen stellen wir nur her, wenn wir die dritte Qualität zumindest zeitweilig erreichen.

Ein zweites Modell des Zuhörens stammt von Bernhard Pörksen und Friedemann Schultz von Thun. Sie sehen drei Ebenen: Verstehen, Verständnis und Einverständnis (vgl. Pörksen/Schultz von Thun 2020). Verkürzt gesagt geht es beim Zuhören zunächst darum zu verstehen, was der/die andere meint. Hier ist auch das bekannte „Vier-Ohren-Modell" von Schultz von Thun hilfreich. Der zweite Schritt ist der Versuch, die Situation der Gesprächspartner zu verstehen – das wäre also Zuhören mit Empathie. Und erst im dritten Schritt wird ein Einverständnis signalisiert oder ein Nicht-Einverstandensein mitgeteilt (vgl. Pörksen/Schultz von Thun 2022). Dieses Modell löst für mich das Dilemma, das manche Lehrkräfte empfinden, dass sie mit zu viel Verständnis dem anderen signalisieren würden, mit seiner oder ihrer Meinung einverstanden zu sein. Man sollte daher immer klarmachen, dass man noch nicht mit der anderen Meinung einverstanden ist, wenn man sich um Verständnis bemüht.

Das ist auch wichtig für Elterngespräche: „Ich habe volles Verständnis für Ihre Meinung und Ihre Situation, und ich sehe manches anders und habe eine andere Meinung und noch andere Lösungsvorschläge."

3.5 Wertschätzende Kommunikation

Wertschätzende Dialoge entstehen einerseits durch Zuhören, andererseits aber auch dadurch, dass wir im Gespräch empathisch auf die Gesprächspartner eingehen. Hier ist wichtig:
- besser kurz als ausschweifend;
- persönlich statt allgemein;
- wertschätzend zu sprechen, also Bewertungen und Zuschreibungen zu vermeiden;
- ausreden zu lassen, kein „Abkanzeln".

Kommunikation kann gelingen, wenn ich davon ausgehe, dass jede:r ihre/seine eigene Sichtweise bzw. eigene Wahrheit hat, die ich respektieren möchte, auch wenn ich sie mir nicht zu eigen mache. Zum Gelingen trägt auch bei, wenn ich auf den Prozess achte und Rückkopplungen einbaue, und zwar Rückkopplungen auf der Inhaltsebene (frei nach Watzlawick: „Was ich gesagt habe, weiß ich erst, wenn ich von meinem Gegenüber höre, was er verstanden hat!") und Rückkopplungen zum Gesprächsverlauf („Ist das Gespräch so für dich noch in Ordnung?").

Zuschreibungen kann man durch die berühmten Ich-Botschaften vermeiden. Der Beziehungsdidaktiker Reinhold Miller spricht schon seit längerer Zeit nicht mehr von Ich-Botschaften, sondern von Selbstmitteilungen (vgl. Miller 2004, S. 62 f.).

Beispiel: Statt: „Du störst!“ → „Es stört mich, dass du mit deinem Nachbarn redest!“ Allerdings sind manche „Ich-Botschaften“ problematisch, wenn hierin Abwertungen und Zuschreibungen verpackt sind – Beispiel: „Ich finde, dass du der größte Störenfried der Klasse bist.“

Zur Veranschaulichung zwei kurze Dialoge, die unterschiedliche Haltungen von Lehrkräften verdeutlichen:

LK: Das ist jetzt das wievielte Mal, dass ich nach der großen Pause in die Klasse komme und du Stress machst, Sascha? Was hast du mir dazu zu sagen?
S: Der André lästert immer über mich im Klassenchat ab!
LK: Und deswegen schmeißt du sein Mäppchen im Raum herum?
S: Ich ärgere mich halt über ihn.
LK: Und dann machst du so viel Probleme, dass er sich auch ärgert und dass ihr euch in die Haare bekommt?
S: Ich wollte das ja gar nicht, dass wir uns schlagen.
LK: Jetzt siehst du, welche Folgen dein Handeln hat. Gegen welche Regel hast du verstoßen?
S: Dass wir nach der Pause auf unsere Plätze gehen sollen.
LK: Na prima, das checkst du immerhin. Damit dir das im Gedächtnis bleibt, schreibst du jetzt die Klassenregeln dreimal ab.
S: Aber …
LK: Nichts aber, ich hab schon genug Zeit wegen dir verloren, jetzt will ich mit dem Unterricht beginnen.

Eine alltägliche Situation und nach meiner Erfahrung eine nicht untypische Intervention der Lehrkraft, die vermutlich gestresst ist, weil sie nicht mit dem Unterricht beginnen kann. Statt diesem Ärger Ausdruck zu geben, bewertet sie das Verhalten des Schülers als „Stressor“ und bleibt nicht in der konkreten Situation, sondern wirft ihm auch noch gleich früheres Verhalten vor („das wievielte Mal“). Auf die Antwort des Schülers nach dem Grund seines Verhaltens geht er eigentlich nicht ein, sondern reagiert mit Vorwürfen („Du machst Probleme“). Anstatt dem Konflikt auf den Grund zu gehen, versucht er, ihn mit einer Strafarbeit „zu lösen“, was vermutlich nicht funktionieren wird, denn Saschas Ärger wird sich verdoppeln und wird ein Ventil brauchen, zumal ihm am Schluss auch noch die Schuld für die „Vergeudung“ von Unterrichtszeit zugeschoben wird. Der Lehrer hat ein berechtigtes Interesse, mit der Stunde zu beginnen. Das hätte er auch erreichen können, ohne Sascha „abzuwürgen“, indem er nach einer kurzen Information über das Vorgefallene mit den beiden Jungen später (z. B. während einer Aufgabenphase oder nach Stundenschluss) ein gemeinsames Gespräch vereinbart hätte.

A

Vorschlag für eine schulinterne Fortbildung: Ein Rollenspiel zu dieser Konfliktsituation mit den Rollen Lehrer – Sascha – André. Im Downloadmaterial Nr. 6 finden Sie einen Dialog, in dem sich die Lehrkraft um Gleichwürdigkeit und eine Konfliktlösung bemüht, in der Sascha nicht die Schuld zugeschoben wird.

Unsere „dialogische Kompetenz“ muss nicht perfekt sein, aber die Schülerinnen und Schüler sollten spüren, dass wir sie und ihre Gefühle sehen, ernst nehmen und zu verstehen versuchen. Lehrkräfte können ihnen Halt und Sicherheit geben. Dafür ist der Ton unseres Sprechens wichtig und unsere Sprache.

3.6 Persönliche Sprache

Haltung, Berufsethos und Werte sollten nicht dazu führen, dass wir eine normierte, floskelhafte Sprache im Sinne einer „pedagogical correctnis“ gebrauchen. Alles Gestanzte, Moralisierende, Belehrende entfernt uns vom Gegenüber. Eine persönliche Sprache „besitzt persönliche Substanz und ‚Körper‘ und ist somit wärmer als das, was ausschließlich vom Kopf ausgeht. Sie erleichtert den Sprecher und beeindruckt den Hörer ... Die persönliche Aussage handelt stets von dem, der spricht, und ist deshalb nie kritisch oder belehrend“ (Juul 2012, S. 25 f.). Kinder und Jugendliche haben feine Antennen, ob die Aussagen der Erwachsenen „echt“, kongruent sind, also mit deren Gefühlen und Überzeugungen übereinstimmen.

> „Unsere Sprache wird nicht durch das Wörtchen ICH persönlich. Sie wird persönlich, weil sie authentisch mein inneres Denken, Fühlen, Wollen und Sein zum Ausdruck bringt.“
> (Menges 2019, S. 41)

B

Hier zwei Beispiele für unpersönliches Sprechen.
Versuchen Sie, diese Sätze umzuformulieren:

- Man läuft nicht in der Klasse herum!
- Es ist kein gutes Benehmen, wenn man seinen Müll einfach auf den Boden wirft!

Kongruenz und Authentizität sind Aspekte der Selbstkompetenz, denn ohne Kontakt zu sich selbst kann kein guter Kontakt zum Gegenüber entstehen. Dies ist Thema des folgenden Abschnitts.

3.7 Selbstkompetenz

Eine der größten Herausforderungen für Lehrkräfte in Krisenzeiten, wenn nicht sogar die größte, besteht darin, gut für sich selbst zu sorgen, sich selbst und die eigenen Grenzen zu achten und den beruflichen Stress zu regulieren. Die in Kapitel 1 referierten Befunde über Belastungen und Gesundheitszustand der Lehrkräfte in Deutschland sind alarmierend und werden, wenn nicht umgesteuert wird, vorzeitige Berufsunfähigkeit und Berufsabbrüche zur Folge haben. Fast ein Drittel aller jungen Lehrerinnen und Lehrer quittiert nach fünf Jahren den Beruf, auf Facebook gibt es eine Gruppe „Lehrer auf Abwegen" mit 14.000 Mitgliedern, die sich Umschulungstipps geben (Süddeutsche Zeitung vom 18./19.03.2023, S. 3).

Das Problem ist, dass Selbstfürsorge in der Ausbildung so gut wie nie vorkommt und dass die Ausbildung zum Teil immer noch zur Folge hat, dass die jungen Lehrkräfte weit über die Grenzen einer gesunden Belastung gehen müssen, um den Anforderungen gerecht zu werden (mehr dazu unten). Selbstsorge ist für mich ein Aspekt der professionellen Selbstkompetenz, die eine Grundlage erfolgreicher Klassenführung ist. Was ist Selbstkompetenz?

> „Selbstkompetenzen sind Kompetenzen, die die Persönlichkeit eines Menschen in einzigartiger Weise charakterisieren. [...] Selbstkompetenzen sind nicht nur konstituierend für unsere Persönlichkeit, sie sind auch ausschlaggebend dafür, wie gut es gelingt, eigene Absichten zu bilden und umzusetzen, sich selbst zu motivieren, in ärgerlichen und stressigen Situationen selbst zu beruhigen und wie gut Menschen [...] zu Selbstentwicklung – und damit auch zur Professionalisierung – fähig sind."
>
> (Schwer / Solzbacher 2015, S. 17 f. – Hervorhebung im Original)

Von diesen Kompetenzen hänge die Fähigkeit zur Selbststeuerung ab und auch, ob die Umsetzung der als wertvoll erachteten pädagogischen Ziele gelinge, und die eigene Haltung, authentisch und selbstkongruent zu leben (ebd., S. 18 f.).

Zu den Selbstkompetenzen gehören z. B. Umgang mit Belastungen, Entscheidungsfähigkeit, Besonnenheit, Reflexivität, Humor, Abgrenzungsfähigkeit, Strukturiertheit, Selbststeuerung und Flexibilität. Auf die folgenden Aspekte der Selbstkompetenz möchte ich auf den nächsten Seiten vertiefend eingehen:

- Selbstwahrnehmung und -kontakt;
- Selbstgefühl;
- Umgang mit Grenzen;
- Authentizität und persönliche Autorität;
- Präsenz.

3.7.1 Selbstwahrnehmung und Selbstkontakt

> „Die Führung im Unterricht beginnt im Kontakt mit sich selbst. [...] Ohne den kann ich nicht erfolgreich führen. Ohne Kontakt zu mir selbst kann ich nicht wirken. Liebevoll mit sich selbst umgehen heißt auch, die eigenen Bedürfnisse zu erkennen und zu erfüllen, bevor ich für andere da sein kann. Und im Kontakt mit mir selbst erlebe ich, was ich jetzt brauche, um in Beziehung wirksam zu sein."
>
> (Schley / Schratz 2020, S. 120 – Grammatik und Interpunktion berichtigt!)

Die erste Frage dabei ist: Wie komme ich denn in der Hektik des Schulalltags in Kontakt mit mir selbst, wenn ich das nicht oder nur unzureichend gelernt habe? Und die zweite Frage: Wie kann ich „umsteuern", wenn ich merke, wie gestresst ich bin oder sogar: wie sehr ich all den Belastungen ausgeliefert bin? Wie komme ich zu einem guten Selbstkontakt?

Wichtig ist zunächst die Wahrnehmung seiner selbst, darauf zu achten (und das ist die Grundlage für Selbstachtung), was ich mit mir mache (oder machen lasse), wie sich das auf meinen Körper und meine Psyche auswirkt. Ohne Achtsamkeit für sich selbst und Selbstachtung steht die Achtsamkeit für andere auf tönernen Füßen. Helle Jensen hat hierfür das „Pentagramm-Modell" von Jes Bertelsen genutzt, das fünf natürliche Kompetenzen und damit fünf Zugänge zu sich selbst nennt, die jedem Menschen zur Verfügung stehen: Körper, Herz, Bewusstsein, Atmung und Kreativität (Jensen 2014, S. 42 ff.).

Mit diesen Zugängen können Selbstgefühl (und der Kontakt zu den inneren Schwächen und Stärken), Empathie und die Fähigkeit zur Fokussierung und Präsenz verbessert werden (vgl. Juul / Jensen 2005, S. 115 f.).

Zahlreiche Übungen hierzu sind in Helle Jensens Buch „Hellwach und ganz bei sich" enthalten. Auch auf der Website des von ihr initiierten Modellprojekts „Empathie macht Schule" kann man etliche Übungen finden, die den Zugang zum inneren Selbst stärken können und die sich gut in den Alltag integrieren lassen.[17]

B

Als Anregung eine einfache Grundübung aus „Empathie macht Schule"

Setze dich bequem hin. Auf einen Stuhl oder auf ein Kissen auf dem Boden. Wenn du magst, schließe die Augen oder lasse sie auf einem unbestimmten Punkt vor dir auf dem Boden ruhen. Spüre, wie der Stuhl deinen Körper, die Rückseite deiner Beine, dein Gesäß und vielleicht auch deinen Rücken stützt. Spüre die Schwere deines Körpers. Spüre, wie der Stuhl das Gewicht deines Körpers trägt.

17 s. https://www.empathie-macht-schule.de/praxis/, recherchiert am 27.03.2023

Richte nun deine Aufmerksamkeit auf deine Wirbelsäule und folge ihr vom Steißbein bis hoch zum obersten Halswirbel. Spüre die Krümmung deiner Wirbelsäule. Und spüre, wie dein Rückgrat sie aufrecht hält.
Richte deine Aufmerksamkeit auf deinen Kopf. Spüre, ob es dort Verspannungen gibt und ob es dir möglich ist, diese zu lösen. Spüre dein Gesicht: deine Stirn, deine Schläfen, den Bereich rund um deine Augen, deinen Kiefer, deine Lippen und deinen Nacken. Spüre, dass der Kopf wie ein Ball auf der Wirbelsäule sitzt. Du kannst den Kopf etwas bewegen und genau in der Mitte der Wirbelsäule platzieren.
Lass deine Aufmerksamkeit dann durch deinen Körper nach unten wandern. Zum Becken und weiter nach unten in deine Beine, bis in deine Füße. Spüre den Kontakt deiner Füße mit dem Boden. Achte darauf, wie der Boden deine Füße trägt und wie deine Füße auf ihm stehen. Kehre dann zurück zu deinem Schulterbereich. Folge mit deiner Aufmerksamkeit deinen Armen bis in deine Hände. Spüre den Kontakt zwischen deinen Händen und dem Ort, auf dem sie ruhen. Spüre die Schwere deiner Hände und wie deine Hände von dem Ort, den sie berühren, getragen werden. Versuche nun, ob du deine Aufmerksamkeit auf Kopf, Füße, Hände und Wirbelsäule verteilen kannst. So hast du deinen Fokus sowohl im Zentrum als auch an der Peripherie deines Körpers. Fahre ein paar Minuten lang fort, die Aufmerksamkeit sowohl im Zentrum als auch an der Peripherie zu haben. Je geübter du bist, desto länger kannst du versuchen, die Übung zu machen und mit deiner Aufmerksamkeit zu spielen. Kehre dann mit deiner Aufmerksamkeit wieder in den Raum und auf deinen Stuhl zurück.

Meiner Erfahrung nach ist es eine lebenslange Aufgabe, gut in Selbstkontakt mit sich zu kommen, und es gibt zahlreiche Möglichkeiten dafür (s. weiter unten).

3.7.2 Selbstgefühl

Nun ist die Wahrnehmung des eigenen Selbst ja keineswegs immer angenehm, besonders in stressigen Zeiten. Daher ist wichtig, wie wir mit uns selbst umgehen. Hier ist ein entwickeltes, stabiles Selbst(wert)gefühl notwendig. Diesen Begriff habe ich lange mit der in Klammer gesetzten Silbe verwendet, weil er die Wertschätzung der eigenen Person zum Ausdruck bringen soll. Viele Menschen assoziieren damit aber die „Wertung", weshalb ich nun von Selbstgefühl spreche. Darunter verstehe ich die innere Sicherheit, mich so, wie ich bin, zu akzeptieren und zu schätzen. Mit einem gesunden Selbstgefühl weiß ich um meine Stärken, und ich kann auch meine Schwächen annehmen, ohne mich ständig zu kritisieren, und das macht meine Integrität aus. Ich bin mir selbst ein Freund, und ich bin nicht abhängig von den Bewertungen anderer (vgl. Menges 2019, S. 142 f.). Ein gesundes Selbstgefühl hat nichts mit modischer Selbstoptimierung zu tun und ist auch nicht dasselbe wie Selbstbewusstsein, in dem es eher um (äußere) Kompetenzen und Leistungen geht. Ich kann durchaus im Beruf selbstbewusst sein, weil ich gute Leistungen erbringe, und gleichzeitig ein wenig entwickeltes Selbstgefühl haben. Das ist oft das Drama der Begabten und „best performer", das sich dann zeigt, wenn es mit den Leistungen nicht mehr so gut klappt.

Selbstgefühl und Außenbewertung

Ich habe in meiner eigenen Sozialisation immer um Anerkennung kämpfen müssen und habe diese durch gute Leistungen in Schule, Studium und Beruf auch oft bekommen. Das Problem dabei ist, dass ich mich dadurch von den Außenbewertungen abhängig gemacht habe. Wenn die wegfallen, und das ist bei Menschen, die aus dem Beruf herausgehen, oft der Fall, merkt man, dass man sich selbst gegenüber eher ein kritischer Beobachter denn ein Freund war. Viele ältere Menschen fallen daher in ein Loch.

Das Selbstgefühl bildet sich in der Sozialisation heraus. Wer in der Herkunftsfamilie Wertschätzung und Anerkennung unabhängig von Leistung erlebt, bringt eine stabile Grundlage für die Stürme des Lebens mit. Diese können bei Lehrkräften vor allem im Referendariat erlebt werden. Ich habe schon vor 10 Jahren in meinem ersten Buch auf die Problematik hingewiesen, die dadurch entstehen kann, wenn angehende Lehrkräfte hier ständig von außen bewertet werden, womöglich noch mit dem Fokus auf die Schwächen, und für eine Trennung von Beratung und Bewertung plädiert (vgl. Klaffke, 2022a). Es gibt eine Vielzahl von empathischen und unterstützenden Ausbilderinnen und Ausbildern (ich hatte selbst das Glück, dass zwei meiner vier so waren), aber mich bestürzt es, in meinen Fortbildungen immer wieder vom Gegenteil zu erfahren. Warum brechen so viele junge Lehrkräfte ihre Ausbildung ab oder verlassen ihren Beruf schon in den ersten Jahren? Diese Fragen beschäftigen in letzter Zeit auch die Medien: „Wer Lehramt studiert, dem erzählen die Älteren vom Referendariat:

> „‚Es ist die Hölle', ‚die schlimmsten zwei Jahre meines Lebens.' Das Referendariat soll eigentlich auf den Lehrerberuf vorbereiten. […] Wer Pech hat, kriegt einen Seminarleiter, der alles schlechtmacht, jede Stunde, jede Übung, jeden Versuch, den Unterricht mal anders aufzuziehen als in den vergangenen fünfzig Jahren."
>
> (Süddeutsche Zeitung vom 18. / 19.03.2023, S. 3)

Die „völlig überzogenen Anforderungen" seien es, „die das Referendariat so entkoppeln von der Realität". Klaus Zierer fordert, dass im Referendariat die ganz normalen Schulstunden bewertet werden sollten statt der wie Theaterstücke geskripteten Lehrproben. Und es brauche systematische Weiterbildungen für Seminar- und Schulleitungen (ebd.).

Wie lässt sich ein wenig entwickeltes Selbstgefühl verändern? Nach meiner Erfahrung vor allem durch Coaching und Supervision, und in schwierigen Fällen ist vielleicht auch eine Therapie notwendig. Zwei Impulse zum Umsteuern möchte ich hier geben:

Tagebuch des Gelingens

Gönnen Sie sich ein schönes Tagebuch, das Sie gerne in die Hand nehmen, und schreiben Sie am Ende des Tages oder einer Woche auf, was Ihnen gut gelungen ist. Auch besondere Begebenheiten oder Ideen für die weitere Arbeit sind wichtig. Vermeiden Sie das Kreisen um Probleme, sprechen Sie diese lieber mit Kolleginnen und Kollegen Ihres Vertrauens oder in der Supervision an.

Selbstgespräche wertschätzend führen

Wir führen ständig Gespräche mit uns selbst. Das können ganz alltägliche Themen sein, zum Beispiel darüber, was man noch einkaufen will. Viele Gespräche drehen sich aber auch um Berufliches. Achten Sie mal darauf, wie Sie mit sich selbst sprechen: Wie ein:e strenge:r Seminarleiter:in, die / der immer nur die Schwachpunkte aufgreift? Oder wie ein:e gute:r Freund:in, die / der das Gelungene hervorhebt und Sie ermutigt? Wenn Sie merken, dass Sie sich in einer Negativschleife bewegen, dann visualisieren Sie ein Stoppschild. Vielleicht hilft es, diesen kritischen Punkt aufzuschreiben und in ein spezielles Kästchen zu legen und / oder mindestens ein positives Ereignis gegenüberzustellen.

Vorläufiges Fazit: Alles, was für die Beziehung zu anderen gesagt wurde, gilt auch für die Beziehung zu uns selbst.

3.7.3 Selbstfürsorge

Schulen sind nicht immer gesunde Orte, die Gesundheit der Mitarbeitenden spielt oft keine besondere Rolle. Am häuslichen Arbeitsplatz ist die Abgrenzung zwischen Arbeitszeit und Freizeit oft schwierig. Daher liegt es häufig in der Verantwortung der einzelnen Lehrkraft, für die eigene mentale und physische Gesundheit zu sorgen. Wir können nur Verantwortung für andere übernehmen, wenn wir uns selbst gegenüber verantwortlich handeln. Das ist besonders in Krisenzeiten wichtig.

Hierzu wird oft die Metapher der „Work-Life-Balance“ verwendet. Ich habe schon mehrmals darauf hingewiesen, wie problematisch ich diese sehe (vgl. z. B. Klaffke 2022a, S. 98 ff.). „Work" an erster Stelle? Ein Gegensatz zwischen Leben und Arbeit konstruieren? Sollte die Arbeit nicht Teil unseres Lebens sein? Droht nicht die Gefahr, dass ich Arbeit als Schattenreich sehe, das ich so schnell wie möglich verlassen will („Flucht auf den Lehrerparkplatz") und dass ich alles Positive vorwiegend auf die Waagschale des Lebens lege? Ein Beispiel: Muskuläre Verspannungen mit folgenden Gelenkproblemen entstehen häufig durch Anspannung und Stress in der Arbeitszeit. Wenn ich so etwas bemerke (Selbstwahrnehmung), dann brauche ich ein „Heilmittel", z. B. durch eine gute Physiotherapie, die mir nicht nur hilft, diese Verspannungen zu lösen, sondern ihnen schon im Ansatz zu begegnen. Dafür ist nach meiner Erfahrung oft jahrelanges Üben notwendig.

Ein besonderer Problembereich ist der häusliche Arbeitsplatz, besonders für Frauen mit Kindern, die immer noch einen Großteil der „Care-Arbeit" übernehmen müssen. Eine Möglichkeit ist die Organisation einer nachmittäglichen Kinderbetreuung, die der Partner, Großeltern oder Babysitter übernehmen. Eine kreative Idee zweier Grundschullehrerinnen: Sie übernehmen wechselseitig die Betreuung ihrer Kinder, damit sie jeweils ihre Unterrichtsvorbereitungen und Korrekturen ungestört machen können. Aber auch für alle anderen ist die Entflechtung von Arbeit und Freizeit zu hause eine Herausforderung. Allzu schnell lässt man sich von Telefonaten, privaten Chats, E-Mails etc. ablenken und sitzt zu lange am Schreibtisch. Dann drohen Nacht- und Wochenendarbeit, mit der man Raubbau an der eigenen Gesundheit betreibt, denn Erholungspausen und Abbau von Stress sind überlebenswichtig. Ein probates Mittel ist es, das Beginn und das Ende der Arbeitszeit aufzuschreiben, in dieser das Smartphone wegzulegen und alles Private erst nach „Feierabend" zu erledigen.

Selbstfürsorge halte ich gerade in den aktuellen Situationen für sehr wichtig: Erwachsene, besonders Lehrkräfte, geben den Schülerinnen und Schülern ein gutes Beispiel, wenn sie wertschätzend mit sich selbst umgehen und gut für sich selbst sorgen. Und Übungen wie in „empathie-macht-schule" kann man auch gemeinsam im Team machen ...

3.7.4 Persönliche Grenzen und Integrität

Bei der Abgrenzung von Freizeit und Arbeit wird deutlich, wie wichtig es ist, dass wir unsere persönlichen Grenzen ernst nehmen. Diese sind wichtig, um unsere Integrität und unseren „inneren heiligen Bezirk" zu schützen (s. Übung unten dazu). Kindern und Jugendlichen gegenüber sollte das so feinfühlig wie möglich geschehen, vielleicht nur mit einer locker abwehrenden Handfläche und einem Lächeln im Gesicht und mit einem freundlich wirkenden Satz wie z. B.: „Stopp, Leo, das wird mir jetzt zu viel!" Damit machen wir *unsere* Grenze deutlich und bewerten nicht das Verhalten der Kinder (auf den Satz „Kinder brauchen Grenzen“ gehe ich in Kapitel 6 noch detailliert ein). Und je schwieriger es für uns wird, desto deutlicher können wir werden: die Stimme erheben (aber nicht schreien!), die Mimik von freundlich auf entschlossen umstellen, die Handfläche anspannen und mit dem Arm nach vorne, aber ohne unser Gegenüber zu berühren.

A

Übungsvorschlag: Mein heiliger innerer Bezirk

- Setzen Sie sich auf einen Stuhl oder legen Sie sich auf den Boden: Wo ist Ihr „innerer heiliger Bezirk“? Wie fühlt er sich an? Welche Bilder entstehen in Ihnen? Können Sie da sein und alles andere ausblenden? Nehmen Sie sich ein paar Minuten Zeit und lassen Sie die Eindrücke nachwirken.
- Stellen Sie sich hin und nehmen Sie die Eindrücke mit. Wo ist Ihre Grenze, mit der Sie diesen „heiligen Bezirk“ schützen? Reicht eine Unterarmlänge? Oder brauchen Sie einen Radius mit ausgestrecktem Arm (dies ist ja auch abhängig von der jeweiligen Situation!)?

Wenn Sie Ihre Grenzen gut schützen können, ohne andere zu verletzen oder herabzusetzen, geben Sie Ihren Schülerinnen und Schülern nicht nur ein gutes Beispiel für persönliche Integrität, sondern auch ein Gegenüber, an dem sie sich orientieren können.

Grenzen zu schützen ist auch im Kontakt zu Erwachsenen wichtig, z. B. Eltern gegenüber: „Sie rufen außerhalb meiner Arbeitszeit an! Ich rufe gerne zurück“ (*Terminvorschlag machen*). Oder: „Dieses Gespräch ist jetzt für mich nicht mehr konstruktiv. Entweder wir finden jetzt wieder zu einem für beide Seiten sinnvollen Austausch zurück oder wir setzen es zu einem anderen Zeitpunkt fort“ (*eventuell mit einer dritten Person*). Generell sollten wir Grenzen der Erreichbarkeit definieren und nicht rund um die Uhr zur Verfügung stehen. Das gilt auch Schulleitungen gegenüber, die derzeit mit großer Personalnot zu kämpfen haben und daher oft wegen Vertretung anfragen. Hierzu ist man aufgrund der rechtlichen Bestimmungen in einem gewissen Umfang verpflichtet, aber alles, was darüber hinausgeht, sollte man dahingehend überprüfen, ob man damit nicht die Grenzen der Belastbarkeit überschreitet und der eigenen Gesundheit schadet. Und dies sollte man auch so mitteilen, denn es ist unsere eigene Verantwortung, wie wir unsere Arbeitskraft am besten erhalten. Das derzeit oft zu beobachtende „Verheizen“ von Personal, nur um den Betrieb einigermaßen am Laufen zu halten, ist kurzsichtig und wird sich auf Dauer als Bumerang erweisen – und der Schulbehörde kann man seine Grenzen mit einer Überlastungsanzeige deutlich machen.

3.7.5 Präsenz und persönliche Autorität

Bei der professionellen Selbstkompetenz von Lehrkräften geht es nicht um Wellness und Selbstoptimierung, sondern darum, im Unterricht und im Kontakt mit Heranwachsenden präsent sein zu können, sich selbst „zu steuern“ und eventuell auch umzusteuern. Im Schulalltag begegnen wir in einem einzigen Moment oft zwanzig oder mehr jungen Menschen, die wir im Auge haben sollten, zu denen wir in Beziehung stehen und wo wir uns schnell entscheiden müssen, wie wir agieren und reagieren. Dafür brauchen wir ein gutes Gefühl für uns selbst und eine Reflexionsfähigkeit, mit der wir uns in kurzer Zeit verschiedene Möglichkeiten vor Augen führen und zwischen denen wir uns entscheiden müssen. Dafür brauchen wir ein „Bauchgefühl“, das uns spüren lässt, ob unser Agieren uns selbst und unserem Gegenüber gerecht wird. Wenn wir gut in Kontakt mit uns und unserem Inneren sind, wird dieses Gefühl im Laufe der Berufsjahre sicherer, und am meisten lernen wir aus Konflikten und unseren Fehlern. Fehler, die dann entstehen, wenn wir unangemessen agieren, andere verletzt oder übersehen haben. Lehrkräfte, die mit ihrer gesamten Person da sind, erreichen eine persönliche Autorität, die keine Hierarchie und keine Macht braucht, um zu wirken, sondern Wirkung durch die Art und Weise ihres persönlichen Auftretens erreicht. Dieses schließt die institutionelle Rolle nicht aus, denn natürlich müssen wir im Rahmen der Institution Entscheidungen treffen, wie z. B. bei der Notengebung, die wir persönlich vielleicht ablehnen. Aber es ist ein Unterschied, ob man sich zu hundert Prozent mit dieser Rolle identifiziert oder ob man die Differenz zwischen Rollenentscheidungen und eigener persönlicher Meinung deutlich macht. Beispiel: Es ist ein Unterschied, ob man einfach eine Note unter eine Klassenarbeit schreibt oder ob man noch mit ein paar ermunternden Worten die Anstrengungsbereitschaft und den persönlichen Lernfortschritt des Kindes würdigt, auch wenn es nur eine Vier erreicht hat.

Und um auf das Eingangszitat zurückzukommen: Lehrkräfte sollten wissen, was für Menschen sie vor sich sitzen haben, und sie sollten auch wissen, wer sie selbst sind und wie sie mit anderen in Beziehung treten (wollen).

Literatur

Eingangszitat aus „Zeit-Magazin“, Heft 39/2022.

Baer, Udo/Koch, Claus (2020): Handbuch Pädagogische Beziehungskompetenz. Grundlagen für Erzieher und Erzieherinnen und Lehrer und Lehrerinnen – Expertenwissen für die Praxis. Mülheim: Verlag an der Ruhr.

Bauer, Joachim (2008): Lob der Schule. Sieben Perspektiven für Schüler, Lehrer und Eltern. 4. Aufl. Hamburg: Hoffmann und Campe.

Born, Lisa (2023): Still, aber nicht desinteressiert. Schüchterne Schüler:innen stärken. In: Klasse leiten, Heft 23/2023, S. 23 ff.

Fischer, Natalie / Richey, Petra (2021): Pädagogische Beziehungen für nachhaltiges Lernen. Eine Einführung für Studium und Unterrichtspraxis. Stuttgart: W. Kohlhammer Verlag.

Jensen, Helle (2014): Hellwach und ganz bei sich. Achtsamkeit und Empathie in der Schule. Weinheim und Basel: Beltz.

Juul, Jesper (2012): Pubertät. Wenn Erziehen nicht mehr geht. Gelassen durch stürmische Zeiten. München: Kösel.

Juul, Jesper / Jensen, Helle (2005): Vom Gehorsam zur Verantwortung. Für eine neue Erziehungskultur. Weinheim und Basel: Beltz.

Klaffke, Thomas (2009): Führungskräfte im Klassenzimmer. Gute Klassenlehrer sind der Schlüssel zum Schulerfolg. In: Friedrich Jahresheft XXVII, S. 55 ff.

Klaffke, Thomas (2022a): Klassen führen, Klassen leiten, Beziehungen, Lernen, Classroom Management. 3. Aufl. Hannover: Klett Kallmeyer.

Klaffke, Thomas (2023): Stressreaktionen Heranwachsender verstehen. Ein Interview mit dem Traumapsychologen Prof. Dr. Willi Butollo. In: Klasse leiten, Heft 23 / 2023, S. 16 ff.

Menges, Robin (2019): SelbstWertGefühl. Ein Handbuch zur Stärkung von Kindern und Jugendlichen. Steyr: Ennsthaler.

Miller, Reinhold (2004): 99 Schritte zum professionellen Lehrer. Erfahrungen, Impulse, Empfehlungen. Seelze: Klett Kallmeyer.

Nickel, Eckhardt (2022): Spitzweg. München: Piper.

Pörksen, Bernhard / Schulz von Thun, Fritz (2020): Die Kunst des Miteinander-Redens: Über den Dialog in Gesellschaft und Politik. München: Carl Hanser.

Prengel, Annedore (2019): Pädagogische Beziehungen zwischen Anerkennung, Verletzung und Ambivalenz. 2. Aufl. Opladen / Berlin / Toronto: Barbara Budrich.

Prengel, Annedore (2020): Ethische Pädagogik in Kitas und Schulen. Weinheim und Basel: Beltz.

Schley, Winfried / Schratz, Michael (2021): Führen mit Präsenz und Empathie, Weinheim und Basel: Beltz.

Schwer, Christina / Solzbacher, Claudia (2015): Zum Zusammenhang von Klassenmanagement und professioneller pädagogischer Haltung. Ein Beitrag zur Theoriebildung. In: Jahrbuch für allgemeine Didaktik 2015: Schneider Verlag Hohengehren, Baltmannsweiler, S. 15 ff.

4 Klassenführung mit Empathie

„Ich bin Lehrer, weil ich Schüler habe, die mir am Herzen liegen, nicht weil ich Lerninhalte durchpauken muss."
(Dieter Bachmann)

> „Krachend fliegt der Stuhl bis fast ganz nach vorne. [...] Marius schreit in gespielter Empörung laut auf, Laura und Elif lachen kreischend fast genauso laut [...]. Wie gut, dass Avid gerade so ausdauernd schwänzt, dessen Gebrüll würde uns allen den Rest geben. An Unterricht ist gerade nicht zu denken. Egal, wie oft ich auf unsere Klassenregeln verweise – bei jeder Störung löst sich die Konzentration der Kids im Nu in nichts auf. Die Anfangseuphorie des neuen Schuljahres jedenfalls ist verflogen. Dabei hatten sich nach den Sommerferien alle so doll auf die Zeit in der Schule gefreut." So schildert Ulrike Ammermann, Journalistin und Lehrerin an einer Hamburger Stadtteilschule, einen Eindruck vom Schulalltag nach der Pandemie. (zitiert nach Klaffke 2022c, S. 4)

Solche Eindrücke habe ich selbst und auch in Berichten anderer immer wieder gehört und höre sie jetzt auch immer noch, sodass sich das Bild verdichtet: Die Klassenführung ist herausfordernder geworden. Das galt für Referendariat und Berufseinstieg schon vor der Pandemie, wie eine aktuelle empirische Studie zeigt, die auch andere Forschungsbefunde aufgreift:

> „Als Hauptbeanspruchungen im Berufseinstieg folgt direkt nach ‚individueller Passung' die Entwicklungsaufgabe ‚Klassenkultur lenken' (Führung)." (Rief 2019, S. 89)

Hier ist der Disziplinaspekt der Klassenführung die größte Herausforderung, und Klassenführung ist insgesamt die größte Belastung für Berufsanfängerinnen und -anfänger (ebd., S. 89 f.). Wie anspruchsvoll Klassenführung ist, zeigt folgendes Zitat in einem Beitrag über Künstliche Intelligenz:

> „Ein Computerprogramm kann zwar jeden Menschen in Schach mit Leichtigkeit schlagen, könnte aber niemals eine Schulklasse unterrichten, in der [...] pures Chaos herrscht." (Süddeutsche Zeitung, 21. / 22.08.2021, S. 55)

Der Aufbau einer Klassenkultur steht dabei in enger Verbindung mit der Gestaltung der Rolle als Lehrperson.

> „Eine stringente Klassenführung mit Interventionen und Sanktionen genügt nicht, um eine lernförderliche Arbeits- und Lernkultur zu schaffen." (Keller-Schneider 2023, S. 18)

Dabei wird deutlich, dass eine Verengung der Klassenführung oder des Classroom Managements auf Disziplin nicht weiterhilft, schon gar nicht in der jetzigen Lage. Disziplinprobleme lassen sich nicht mit Forderungen nach mehr Disziplin lösen, das wusste schon Jacob Kounin, der Klassiker in diesem Bereich, der mit umfangreichen Studien feststellte, dass eine auf Rigidität und Strafen setzende Klassenführung die Probleme eher verschärft, da sie zu mehr Aggressionen bei den Lernenden führt (vgl. Kounin 2006, S. 68 f.). Zu Kounins Forschungsergebnissen gehört auch, dass eine positive Bindung an die Lehrkraft sowie Freundlichkeit und Gelassenheit die Klassenführung unterstützen (ebd., S. 46 ff.). Der viel zitierte Satz Helmkes, wichtigstes Ziel der Klassenführung sei es, die Lernzeit frei von Störungen zu halten (vgl. Helmke / Helmke 2014, S. 9), ist aus meiner Sicht problematisch, weil sie die Aufgaben und Möglichkeiten der Klassenführung zu sehr einengt. Eine Ausweitung des Begriffs auf alle Bereiche des Lehrens und Lernens, vor allem auf die Allgemeindidaktik, wie sie teilweise in der Literatur vorgenommen wird (wie z. B. bei Warbinek / Reinhardt 2020, S. 129 ff., 242 ff., 255 ff.), ist aber auch nicht hilfreich, weil sie die Klassenführung überfrachtet. Daher ist hier eine Abgrenzung notwendig.

4.1 Was zur Klassenführung gehört

Der Begriff „Klassenkultur", den man salopp auch mit „Betriebsklima" übersetzen kann, trifft es schon ganz gut, muss aber präzisiert werden. Klassenführung befasst sich mit den Beziehungen aller Akteure (zwischen Lehrenden und Lernenden, zwischen den Lernenden untereinander), wobei auch die Eltern und die Beziehungen der in der Klasse Unterrichtenden mitgedacht und mitgestaltet werden sollten. Klassenführung nimmt das soziale Gefüge der Klasse in den Blick und sorgt vor allem für die Rahmenbedingungen des Unterrichts, von der Einrichtung des Raums bis hin zu Logistik und Organisation. Zu den Methoden des Classroom Managements gehören Regeln, Alltagsrituale, Routinen, Prozeduren. Weitere Aspekte sind die Partizipation der Lernenden und der Umgang mit Unterrichtsstörungen. Folgende Tabelle soll die Abgrenzung zwischen Klassenführung und Allgemeindidaktik verdeutlichen. Die Aufzählung ist nicht vollständig und kann erweitert werden: Dabei gibt es sicher Schnittmengen, z. B. bei der Inklusion, beim Thema Kommunikation, bei der Erstellung von Förderplänen, bei den Sozialformen des Unterrichts (Gruppenarbeit und dazugehörige Rollen) und bei der Partizipation der Lernenden, wenn das tutorielle Lehren als Teil davon gesehen wird (dazu unten mehr).

Klassenführung / Classroom Management	Allgemeindidaktik
• Beziehungen zwischen Lehrenden und Lernenden / zwischen den Lernenden • Sozialgefüge der Klasse • soziales Lernen in der Klasse • Kommunikation in der Klasse • vorbereitete Umgebung (Raumgestaltung)	• Unterrichtsgestaltung • Unterrichtsmethoden • Differenzierung und individuelle Passung • Förderung • Inklusion • Üben
• Sitzordnung • Organisation und Logistik (z. B. Umgang mit Entschuldigungen, Information fehlender Schüler:innen ...) • Regeln in der Klasse • Alltagsrituale, Routinen, Prozeduren • Zeitmanagement • Partizipation • Umgang mit Unterrichtsstörungen • Umgang mit Absentismus • ...	• klare Strukturierung • inhaltliche Klarheit • Phasenwechsel • Leistungsfeststellung • Feedback zum Lernen • ...

4.2 Warum Empathie jetzt besonders wichtig ist

Die Aufzählung der zur Klassenführung gehörenden Aspekte und Aufgaben wäre allerdings unzureichend, wenn deren Ziele nicht geklärt sind. Dafür sind die Grundlagen wichtig, vor allem, mit welcher Haltung Lehrkräfte agieren (s. Kapitel 2 und 3). Grundsätzlich galt es schon immer als Ziel der Klassenführung, ein Arbeitsbündnis zwischen Lehrenden und Lernenden herzustellen, um eine bekannte Formulierung Hilpert Meyers aufzugreifen (vgl. Klaffke 2022a, S. 101). In der aktuellen Situation gibt es auf dem Weg zu einem solchen Arbeitsbündnis jedoch einige Hürden. Vereinfacht gesagt: Viele Kinder und Jugendliche haben den Kopf und die Seelen dafür nicht frei. Die Klassenlehrerin einer Sekundarstufenschule sagte mir dazu, dass sie sich während der Schulschließungen freiwillig für die Notbetreuung gemeldet habe, da hierhin auch viele Kinder aus ihrer Klasse kamen, die zu Hause keine Unterstützung erhielten und teilweise auch alleine gewesen wären, weil die Eltern arbeiten mussten. Auch jetzt sei sie als Klassenlehrerin gefordert, um Trost zu spenden, zu ermutigen, zu unterstützen, Hilfe zu geben, zu beraten oder um einfach nur zuzuhören und Verständnis zu zeigen.

Der Gedanke einer an Empathie orientierten Klassenführung ist nicht neu. Schon Kiel et al. widmen in ihrem weit verbreiteten Trainingsbuch zur Klassenführung diesem Thema ein ganzes Kapitel. Sie stützen sich dabei auf das Caring-Modell von Rolf Dubs und arbeiten u. a. folgende Dimensionen heraus:

- Wertschätzung, Unterstützung, Fürsorglichkeit und Gerechtigkeit;
- Möglichkeiten der Partizipation;
- Regelklarheit;
- positive soziale Beziehungen unter den Lernenden;
- Vertrauen (vgl. Kiel et al. 2013, S. 120 ff.)

Empathie in der Klassenführung wirke sich auch nachweislich auf die Leistungen aus. Wenn Schülerinnen und Schüler sich akzeptiert und ernst genommen fühlen, wenn Lehrkräfte mit Geduld auf ihre Fragen eingehen und ihr positives Potenzial sehen und ihnen Mitspracherecht einräumen, dann hat das nicht nur Auswirkungen auf das Klassenklima und das Sozialverhalten, sondern auch auf Mitarbeit, Selbstkonzept, Selbstwirksamkeitsüberzeugung, Leistungsbereitschaft und auf die Einstellung zum Lernen allgemein (ebd., S. 123).

Was unter wertschätzendem Verhalten von Lehrkräften verstanden werden kann, beschreibt Rolf Dubs in seinem leider viel zu wenig beachteten Werk detailliert. Grundlagen sind der Enthusiasmus und das Verantwortungsbewusstsein der Lehrkräfte und ein Verhalten, das geprägt ist von Lob und Anerkennung, Verwendung der Schülergedanken (d. h., dass Überlegung der Lernenden aufgegriffen werden), Berücksichtigung der Wünsche und Bedürfnisse von Schülerinnen und Schülern, durch ruhiges Verhalten, Freundlichkeit, Höflichkeit und Reversibilität (Dubs 2009, S. 97 f.). Dieses Verhalten zeigt sich im Blickkontakt, in Mimik und Gestik und in der Sprache und lässt sich im Unterricht konkret beobachten.

Nun droht beim Lesen solcher Listen die Gefahr der Überforderung. Man kann in einer Klasse mit mehr als 25 Lernenden wohl kaum jede einzelne Schülerin, jeden einzelnen Schüler angemessen behandeln. Und es sei daran erinnert, dass ich Empathie für andere auf Dauer nur aufbringen kann, wenn ich mir selbst gegenüber empathisch bin. Daher geht es nicht um ein Idealbild von Lehrkräften, sondern darum, die Möglichkeiten auszuschöpfen (z. B. freundlich zu sein ist kein „Hexenwerk") und Gelegenheiten zu schaffen, in denen man etwas von den Lernenden mitbekommen kann und bei denen sie sich auch zu Persönlichem äußern können. Daher sind Gesprächskreise zum Beginn und am Ende der Woche so wichtig. Hier einige weitere Vorschläge:

1. Gefühle zulassen und darüber sprechen, z. B. im Morgen- oder Abschlusskreis oder auch im Klassenrat. Hierzu kann man Hilfsmittel einsetzen wie Smileys und andere Symbole oder bei Jüngeren auch einen Korb mit symbolhaften Gegenständen als Gesprächsanlass (s. Foto).

2. Anerkennen, was anerkennenswert ist, bei jeder sich bietenden Möglichkeit. Es gibt von verschiedenen Verlagen hierzu Sticker, schriftliche Belobigungen usw., die ich eher kritisch sehe. Nach meiner Erfahrung ist eine ehrliche, authentische Rückmeldung durch nichts zu ersetzen. Beispiel: „Ich habe mich sehr darüber gefreut, dass du Anna so schön getröstet hast."
3. Stärkende Rituale – einige Beispiele:
   - „Sorgenschiffchen": Die Lernenden schreiben oder malen auf ein Blatt, was sie belastet. Darüber wird nur gesprochen, wenn sie es wollen. Aus den Blättern werden Schiffchen gefaltet und an einem Bach o. Ä. zu Wasser gelassen (vgl. Friedrichs/Zergiebel 2021, S. 5).
   - Glückglas: In einem verschließbaren Einmachglas werden schöne Erlebnisse und Momente oder auch Gegenstände gesammelt. Am Schuljahresende oder an einem anderen Termin wird das Glas geöffnet und jede:r darf einmal ziehen und vorlesen. Ziel ist es, die Fokussierung auf Belastendes zu überwinden (vgl. Friedrichs 2021, S. 19). Varianten sind das „Wochenglas" oder Schatzkistchen, in denen Gedanken, Wünsche, Wochenrückblicke usw. gesammelt und zu einem bestimmten Zeitpunkt im Gesprächskreis vorgestellt werden.
   - „Stille Minute": (s. Downloadmaterial Nr. 7) Dieses Ritual ist ursprünglich dafür gedacht, dass eine Klasse z. B. vor Unterrichtsschluss zur Ruhe findet, kann aber auch eingesetzt werden, um sich Gedanken und Gefühle zu vergegenwärtigen. Wer will, kann diese anschließend „veröffentlichen".

Abb. 2

4.3 Die besondere Rolle der Klassenleitungen

Die Einzelnen im Blick zu haben und Verantwortung für sie zu übernehmen, ist schwer, wenn man als Fachlehrkraft in vielen Klassen eingesetzt ist und oft mehr als hundert Schülerinnen und Schüler unterrichten muss. Hier haben es die Klassenleitungen leichter, und sie haben daher auch mehr Verantwortung. Dieser Verantwortung kann man nur dann gerecht werden, wenn man auch Zeit dafür hat. Ist die Klassenlehrerin bzw. der Klassenlehrer nur mit einem Fach in der eigenen Klasse eingesetzt, wie es manchmal in Gymnasien vorkommt, kann man dieser Verantwortung nicht gerecht werden. Dies ist systemisch nur mit einem der folgenden Modelle ansatzweise möglich (s. auch Kapitel 7):

- Klassenleitungsprinzip: Die Lehrkraft ist mit all ihren Fächern in der Klasse eingesetzt (i. d. R. Haupt- und Nebenfach, also 6 – 7 Stunden) und hat zusätzlich eine Klassenleitungsstunde. Fehlt diese, geht es zulasten des Fachunterrichts und damit zulasten der Leistungen. Das sollten alle Schulleitungen und Stundenplanverantwortliche wissen und berücksichtigen.
- Es besteht ein Tandem aus Klassenleitung und Stellvertretung oder zwei Klassenlehrer:innen (i. d. R. 12 Stunden plus Klassenleitungsstunde).
- Es bestehen Dreierteams („Triaden"), welche die drei Hauptfächer plus Nebenfächer in der Klasse sowie die Klassenleitungsstunde übernehmen und damit ein gutes Zeitkontigent haben. Wenn diese Teams auch in Parallelklassen eingesetzt werden, ist dies eine gute Voraussetzung für Teambildung im Jahrgang.
- Wenn in der Klasse inklusiv unterrichtet wird, ist der Einsatz einer sonderpädagogischen Fachkraft wichtig, die dem Klassenteam angehört.

Eine solche Teambildung bietet auch den Vorteil, dass Termine, Elternarbeit, Unterrichtsplanung usw. miteinander abgestimmt werden können (s. Kapitel 7). Die Stärkung der Klassenleitungen ist nicht so sehr für die institutionellen Aufgaben notwendig, die sich an zwei Händen abzählen lassen (s. Schaubild), sondern für die pädagogischen Herausforderungen, die sich gerade in der aktuellen Lage stellen.

Institutionelle Aufgaben der Klassenleitung

Nach Schulrecht der Bundesländer unterschiedliche Querschnittsaufgaben:

- Einhalten der Schulpflicht kontrollieren (Fehlzeiten, Entschuldigungen ...)
- Beurlaubungen aussprechen (Dauer unterschiedlich)
- Klassenkonferenzen einberufen und leiten
- Kopfnoten vergeben, Fachnoten einholen
- Zeugnisse erstellen
- Verfahren zur Wahl weiterführender Bildungsgänge nach der Grundschule / Förderstufe / Klasse 7 / Sekundarstufe 1 leiten
- Erstellung von Förderplänen
- Klassenbuch / Lehrberichtsheft / Akten der Schülerinnen und Schüler führen

Von den Aufgaben der Klassenführung (s. Tabelle in Abschnitt 4.1) sollten Klassenleitungen vor allem folgende übernehmen:

- Sozialgefüge der Klasse;
- soziales Lernen in der Klasse;
- Kommunikation in der Klasse;
- vorbereitete Umgebung (Raumgestaltung);
- Organisation und Logistik (z. B. Umgang mit Entschuldigungen, Versorgung fehlender Schülerinnen und Schüler mit Informationen usw.);
- Regeln in der Klasse;
- Alltagsrituale, Routinen, Prozeduren;
- Partizipation;
- Umgang mit Absentismus.

Diese Punkte werden in den folgenden Abschnitten noch weiter ausgeführt. Wichtig ist, dass die Klassenleitungen bei diesen Themen den „Hut aufhat". Beispielsweise müssen die von den Klassenleitungen mit den Schülerinnen und Schülern erarbeiteten Regeln für alle Fächer gelten.

Alle Schülerinnen und Schüler im Blick zu behalten, sowohl in Hinsicht auf ihre Persönlichkeitsentwicklung als auch in Hinsicht auf das Lernen, ist eine große Herausforderung. Hier empfiehlt sich das, was in Kapitel 2 schon vorgeschlagen wurde, zu systematisieren. Möglichkeiten dazu sind ein Förder-Logbuch oder Förderplanung im Team, eventuell auch mit einer App.

Ein Förder-Logbuch zum Sozialverhalten, zur Persönlichkeitsentwicklung und für das fachliche Lernen finden Sie im Downloadmaterial 8. Hier kommt es darauf an, dass Beobachtungen nicht nur ausgetauscht, sondern schriftlich festgehalten und dass dabei Fördermaßnahmen und Verantwortlichkeiten festgelegt werden.[18] Gemeinsam erstellte Fördermaßnahmen lassen sich auch besser mit den Eltern kommunizieren, als wenn jede Fachlehrkraft das alleine machen würde. Auch das Hinzuziehen von Beratungsstellen, sozialpädagogischen oder therapeutischen Einrichtungen usw. sollte im Team möglichst in Absprache mit den Eltern vereinbart werden.

4.4 Rechte und Regeln

Das Thema Regeln steht oft im Mittelpunkt von Konzepten des Classroom Managements (vgl. Eichhorn 2013, S. 56 ff.). Das ist nachvollziehbar, denn Regellosigkeit und Willkür erschweren das Zusammenleben. Gerade die Schüchternen und Zurückgezogenen brauchen Sicherheit und Berechenbar-

18 Eine Förderplanungs-App ist unter https://splint.schule/ (recherchiert am 12.04.2023) erhältlich.

keit, die es ohne Regeln kaum geben kann. Dennoch frage ich mich, warum Regeln so oft nicht funktionieren. Ich sehe hierfür vor allem zwei Ursachen:

- Wenn Regeln von der Lehrkraft verordnet oder sogar aufoktroyiert werden, provoziert das Widerstand. Die Einhaltung solcher Regeln ist oft nur mit Druck und permanenter Kontrolle zu erreichen, zumal es auch sozial-emotionaler Kompetenzen bedarf, um Regeln aus eigener Einsicht einzuhalten. Daher werden Regeln ohne soziales Lernen (vgl. Kapitel 6) oft nicht funktionieren.
- Wenn Regeln nicht sinnhaft sind und kein ethisches Fundament haben, werden sie nicht so gerne befolgt. Hier fehlen die Einsicht und Überzeugung der Beteiligten. Dieses Phänomen ist aus dem Straßenverkehr bekannt: Tempo 30 wird in einer Spielstraße eher eingehalten als in einer Durchgangsstraße ohne Wohnbebauung.

Vor der Aufstellung von Klassenregeln ist zunächst zu klären, was schon durch Schulordnung und Schulregeln abgedeckt wird. Auch diese werden wirksamer sein, wenn sie auf einem Fundament von gemeinsamen Werten und ethischen Haltungen beruhen. Wofür ist die Schule unterwegs? Welche Werte und Haltungen prägen das alltägliche Handeln? Hierzu werden oft Leitsätze entwickelt, die aber manchmal nur auf dem Papier stehen und die den Schülerinnen und Schülern nicht bekannt sind. Hier muss sich die einzelne Lehrkraft selbst helfen. Ich empfehle für solche Situationen einen kurzen und klaren „Grundrechte-Katalog“.

Die vier Grundrechte in der Klasse

- Jede:r in der Klasse – Schüler:innen und Lehrkräfte – hat das Recht auf Achtung seiner Menschenwürde (oder „Respekt“).
- Jede:r in der Klasse hat das Recht auf physische und psychische Unversehrtheit.
- Jede:r Schüler:in hat das Recht zu lernen.
- Jede Lehrkraft in der Klasse hat das Recht zu unterrichten.

Diese Grundrechte stelle ich der Klasse zu Beginn des Schuljahres vor und hänge sie dann im Raum aus. Ich verweise immer wieder darauf, wenn eines dieser Rechte missachtet wird. Sie sind die Grundlage für die *Klassenregeln.*

Eichhorn konstatiert hierzu, dass es „bei ‚schwierigen‘ Klassen mit älteren Schülern besser sei, wenn der Lehrer die Regeln vorgibt; andernfalls besteht die Gefahr, dass die Schüler sich über das gemeinsame Einführen der Regeln lustig machen und damit die Autorität des Lehrers untergraben“ (Eichhorn 2013, S. 162 f.). Tatsächlich hätten die

Schüler bei dieser Diskussion nur ein sehr begrenztes Mitspracherecht. „Bestimmte Regeln [...] muss der Lehrer einfach vorgeben." Als Beispiel wird u. a. die Regel „sich sozial angemessen verhalten" genannt (ebd., S. 163). Abgesehen von der Frage, was „sozial angemessen" heißt, lässt sich soziales Verhalten m. E. nicht durch eine Regel erreichen, sondern nur aus eigener Einsicht der Schülerinnen und Schüler.

Daher schlage ich vor, die Klassenregeln gemeinsam mit den Schülerinnen und Schülern zu entwickeln. Hierbei ist zu beachten, dass Regeln möglichst positiv formuliert sein sollten (z. B. statt „Wir essen nicht im Unterricht" → „Wir essen in den Pausen"), da vor allem Kinder nur schwer etwas *nicht* machen können. Weiterhin – hier stimme ich Eichhorn zu (ebd., S. 162) – sollten es so wenige Regeln wie möglich sein, auf keinen Fall mehr als zehn!

Optimaler Zeitpunkt zur Erstellung der Klassenregeln ist der Schuljahresbeginn einer neuen Klasse. Einsteigen kann man mit einer Umfrage oder Kartenabfrage zu folgenden Punkten:

- Was ist mir in der Klasse besonders wichtig?
- Was wünsche ich mir für den Umgang miteinander?
- Was sollte auf keinen Fall geschehen?
- Was wünsche ich mir für die Zusammenarbeit?
  (vgl. Klaffke / Wübbels 2022, S. 15).

Die Antworten werden auf Moderationskarten geschrieben (in unteren Klassen kann man diese Fragen auch im Gesprächskreis stellen und die Antworten selbst aufschreiben), die dann kumuliert und aus denen anschließend die Klassenregeln erstellt werden. Und um auf Eichhorn zurückzukommen: Wenn hier etwas fehlt, das der Klassenleitung wichtig ist, kann diese auch selbst eine Regel einbringen („mir ist ganz wichtig, dass wir Folgendes auch regeln ...").

Eine andere Möglichkeit ist es, die Regeln nach und nach aufgrund von bestimmten Ereignissen, die im Gesprächskreis oder Klassenrat reflektiert werden, aufzustellen. Eine weitere Möglichkeit, die allerdings erst nach einer gewissen Zeit sinnvoll ist, wird in Kapitel 6.2 vorgestellt: Ausgehend von der Frage „Was ist für dich wichtig, damit du dich in der Klasse wohlfühlst?" werden Kriterien eines guten Klassenklimas für einen Fragebogen entwickelt und nach dessen Auswertung Regeln aufgestellt.

Empfehlenswert ist es, die Regeln zu visualisieren. Dies hat den Vorteil, dass man im Fall von Regelüberschreitung ohne verbale Intervention auf die entsprechende Regel zeigen kann. Man kann den Regelkatalog im Laufe des Schuljahres ergänzen oder weiterentwickeln und es empfiehlt sich, dass er von allen Schülerinnen und Schülern im Sinne eines Klassenvertrags unterschrieben wird (vgl. Görgner 2015, S. 31). Alle in der Klasse Unterrichtenden sollten diese Regeln kennen und auf deren Einhaltung bestehen (für den Umgang mit Nichteinhaltung s. Kapitel 4.7 und Kapitel 6). Wenn es Probleme in bestimmten Bereichen gibt (z. B. dass oft durcheinandergeredet wird), ist es ein probates Mittel, diese Regel zu einem „Ziel der Woche“ oder eines Monats zu machen. Bei Erfolg sollte unbedingt eine Anerkennung ausgesprochen und etwas Beliebtes angeboten werden (Spielzeit, Vorlesezeit, kleiner Spaziergang ... – was die Schülerinnen und Schüler gerne machen).

Ein Sonderthema, das aber oft „Dynamik“ entfalten kann, sind *Regeln für den Klassenchat*, die von den Schülerinnen und Schülern selbst aufgestellt werden (z. B. „Niemanden beleidigen, auch nicht aus Spaß“) und für deren Einhaltung zwei gewählte Moderatorinnen sorgen sollten (vgl. Becker 2019, S. 38 f.). Dieses Thema sollte genauso wie Cybermobbing und Datensicherheit im digitalen Lernen angesprochen werden.

4.5 Classroom Management im Schulalltag: Rituale, Routinen und Prozeduren

Rituale im Classroom Management sind Alltagsrituale für das Miteinander im Klassenraum. Sie können und sollen das tagtägliche Handeln rhythmisieren und Halt und Struktur geben, was gerade für die Ängstlichen und Schüchternen hilfreich ist und auch für die Schülerinnen und Schüler mit geringen Kenntnissen der deutschen Sprache, denn viele Rituale lassen sich nonverbal vermitteln, z. B. durch Mitmachen oder Nachahmen. Ein weiterer Vorteil ist, dass Unterrichtsrituale die Lehrkraft entlasten können, denn sie schaffen regelhafte Handlungsabläufe, die den einen oder anderen Machtkampf überflüssig machen (vgl. Klaffke 2021, S. 30).

Rituale sind aus meiner Sicht gerade eine Modeerscheinung, was vielleicht mit der Beliebigkeit, Unübersichtlichkeit und Hektik der postmodernen Gesellschaft zu tun hat. Sie sind dann so etwas wie Geländer und Markierungen auf einem Weg, der sich aus einem Trampelpfad herausbildet, wenn er immer wieder gegangen wird. Aber nicht alles wiederkehrende Handeln (d. h. Routinen und Prozeduren) sollte als Ritual bezeichnet werden. Der Unterschied zu Routinen und Prozeduren ist zwar fließend, aber Rituale haben besondere Merkmale. Der Begriff geht auf „Ritus“ zurück und umfasst daher Bräuche und Zeremonien, die sich vom Alltagshandeln unterscheiden – wie „eine Art ‚säkulare Liturgie‘, die alltägliche Handlungen kultiviert“ und damit zu einem konstruktiven Klima und zur Gemeinschaftsbildung beiträgt (ebd., S. 31). Ein Beispiel aus dem Fußball: Der Anstoß eines Punktspiels ist noch kein Ritual. Dazu kann er werden, wenn Wimpel ausgetauscht (z. B. bei einem Freundschaftsspiel) oder Nationalhymnen abgespielt werden (wie bei einem Länderspiel). Ein Beispiel aus der Schule: Die Begrüßung am Morgen kann als übliche Alltagshandlung eingeübt werden und wird dann zum Ritual, wenn eine bestimmte Form der Begrüßung zum Ausdruck bringt, dass man sich über die Begegnung freut und dass der Tag oder die Unterrichtsstunde „eingeläutet" ist.

Rituale sind beileibe nicht immer positiv, sie gibt es auch in totalitären Regimes und waren mir als Schüler oft verhasst. Daher ist es wichtig, die Lernenden daran partizipieren zu lassen, welche Rituale in der Klasse eingeführt werden und ob man sie irgendwann verändert oder durch andere ersetzt. Das war und ist gerade nach den Schulschließungen wichtig: Welche Rituale brauchen wir jetzt besonders? Wo sollte es neue Rituale geben? In der folgenden Tabelle werden mögliche (!) Rituale, Routinen und Prozeduren entlang eines Schultags aufgelistet (SuS = Schülerinnen und Schüler / L = Lehrkraft).

Phase	Rituale	Routinen und Prozeduren
Ankommen	L begrüßt jeden mit Handschlag und wünscht einen guten Morgen	SuS hängen Jacken an Kleiderleisten auf oder verstauen sie in Fächern, ziehen Straßenschuhe aus und Hausschuhe („Klasse-Schuhe") an
Gleitzeit		SuS gehen an ihre Plätze, können frühstücken und sich leise unterhalten und mit Arbeit beginnen; L kann hierbei unterstützen und beraten
Anfangen nach Gleitzeit	gemeinsames Lied oder ein Musikstück / Ruhezeichen (s. u.); gemeinsame Begrüßung	kurze Übergangszeit, Ende Frühstück und Privatgespräche
Anfangen ohne Gleitzeit	Ruhezeichen (s. u.); gemeinsame Begrüßung (z. B. „Guten Morgen, liebe 5c" – „Guten Morgen, Frau Grams") / Lied oder anderes Begrüßungsritual	s. o. / SuS betreten einzeln den Raum und nehmen Plätze ein oder gehen zusammen mit L in den vorher verschlossenen Raum; u. U. gibt es eine Regel zum Aufstellen
Tages- oder Stundenbeginn	Erzählstein, der herumgereicht wird	Morgenkreis, SuS haben das Wort / L stellt Ablauf bzw. Programm und Ziele für den Tag oder die Stunde vor
Anwesenheit		Feststellung der Anwesenheit z. B. mithilfe einer Magnettafel mit allen Namen; die nicht Anwesenden werden in eine extra Spalte gehängt

Ruhezeichen (auch im Verlauf des Unterrichts)*	• visuelles Ruhezeichen (z. B. linke oder rechte Hand heben) • akustisches Ruhezeichen wie Glocke oder Klangschale • rhythmisches Ruhezeichen (L klatscht vor, SuS wiederholen) • Brezel / Zauberknoten (s. u.) • „Give me Five" (s. **Anmerkung unter der Tabelle)	„Runterzählen": 5, 4, 3, 2, 1 bei null soll Ruhe herrschen
Melde-zeichen*	*Anmerkung: hier sind die Grenzen zwischen Ritualen und Routinen schwer zu ziehen	• 1 Finger: Ich will was sagen. • 2 Finger: Ich möchte auf die Toilette. • Beide Hände: Ich brauche Hilfe. • L „zeichnet" Kreis in die Luft: Nehmt euch gegenseitig dran!
Wechsel der Arbeits-formen		die aktuelle Unterrichtsform wird durch Symbole (L-Vortrag, Einzelarbeit usw.) angezeigt (s. auch Kapitel 5)
Wechsel der Sozialformen	Musik oder Symbole verdeutlichen den gewünschten Wechsel	Wechsel von Einzel-Partner-Gruppenarbeit – Wechsel zu Gesprächskreis und wieder zurück werden eingeübt und festgelegt (z. B. durch Festlegung der Reihenfolge, in der die SuS in den Gesprächskreis und aus diesem wieder zurückgehen).
Raum-wechsel	L gibt Leitsatz vor: „Langsam, leise, friedlich"	der Wechsel von Räumen wird eingeübt
(Haus-) Aufgaben		werden grundsätzlich vor Stundenschluss visualisiert, z. B. auf einem Tafelflügel – Symbol für Jüngere: 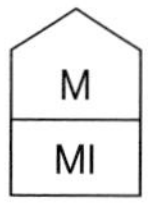
Unterrichts-schluss	ein bestimmtes Musikstück weist auf den Beginn der Aufräumzeit hin; „Stille Minute" (s. Download); Verabschiedung im Stehen mit einem guten Wunsch für den Tag	Abschlusskreis (eventuell nur am Ende der Woche); Aufräumen am Platz; Aufräumdienst im Raum; Einpacken
weitere Rituale	Brezelzeit oder Zauberknoten (SuS verschränken die Arme bei wichtigen Ansagen) Geburtstagsrituale: Geburtstage werden erwähnt, Geburtstagskinder beglückwünscht, u. U. mit Lied und kleinem Glückssymbol	*(Raum für Ihre eigenen Ergänzungen)*

"Give me Five": 1. Die **Füße stehen still auf dem Boden (egal ob man steht oder sitzt). 2. Die **Hände** sind ruhig. 3. Die **Ohren** hören der Lehrperson zu. 4. Die **Augen** sind auf die Lehrperson gerichtet. 5. Die **Lippen** sind geschlossen (nach Görgner 2015, S. 43 f.).

Diese Tabelle finden Sie unter den Downloads Nr. 9 zur weiteren Bearbeitung, Änderung und Ergänzung angepasst auf die jeweilige Situation Ihrer Schule / Klasse.

4.6 Partizipation: Mitwirkung der Lernenden

Klassenführung ist keine Einbahnstraße, sondern wie der Unterricht auch ein interaktives Geschehen. Das Handeln der Lehrenden und Lernenden ist miteinander verschränkt, aufeinander bezogen und voneinander abhängig. Für den Unterricht hat dies Michael Schratz mit seinem „lehrseit-lernseits"-Modell herausgearbeitet (Schratz et al. 2022, S. 16 ff.). In Bezug auf Klassenführung finde ich immer noch den Ansatz der dialektischen Didaktik Lothar Klingbergs am tiefgehendsten, dessen Hauptwerk „Lehrende und Lernende im Unterricht" noch zu DDR-Zeiten erschien und der im Grunde auch schon alles vorweggenommen hat, was heute in der „Resonanz-Pädagogik" Mode ist. Klassenführung bleibe ohne die aktive Mitwirkung der Schüler erfolglos, da ihre Teilnahme, Mitarbeit, innere Zustimmung, aber auch Kritik konstitutiv für das Fortschreiten des Unterrichts sei (Klingberg 1990, S. 69 ff.).

Möglichkeiten zur Partizipation zu schaffen, halte ich in der gegenwärtigen Situation für besonders bedeutsam. Kinder und Jugendliche haben in den letzten Jahren erfahren müssen, dass über sie verfügt wird und dass ihre Meinungen und Kompetenzen nicht berücksichtigt werden. Eine Schülerin sagte mir, dass für sie am krassesten die Regel war, beim Herumgehen in der Klasse eine Maske aufsetzen zu müssen, sie am Platz aber absetzen zu dürfen. Wer sich so etwas ausgedacht hat, habe keine Ahnung von der Realität im Klassenzimmer. Kinder und Jugendliche brauchen die Erfahrung, gehört und ernst genommen zu werden und wertvoll für andere sein zu können. Sie brauchen die Erfahrung von Wirksamkeit und Selbstwirksamkeit, die zu den drei von den amerikanischen Psychologen Deci & Ryan definierten Grundbedürfnissen gehören: soziale Eingebundenheit, die Erfahrung von Selbstwirksamkeit / Kompetenz und Autonomie (vgl. Deci / Ryan 1993). Die Möglichkeiten der Mitwirkung fördern insbesondere soziale Kompetenzen und auch das Gefühl der Zugehörigkeit, das in den Zeiten der Pandemie stark gelitten hat. Partizipation fordert auch die UN-Kinderrechtskonvention, die das Recht der Kinder auf Mitsprache und Mitentscheidung bei allen sie betreffenden Belangen, abhängig von Alter und Entwicklungsstand, festschreibt (UN-KRK §12 f.).

In der Klassenführung gibt es vor allem drei Bereiche, in denen die Schülerinnen und Schüler mitwirken können:

- Organisation und Logistik: „Klassenämter" in diesem Bereich gibt es wohl in den allermeisten Klassen. Angefangen vom Ordnungsdienst bis hin zum

„THW“, das für „technischen Support“ wie Verlängerungskabel, PCs usw. zuständig ist. Bei Älteren bietet sich die Klassenbuchführung, Listenführung und die Klassenkasse an, in manchen Klassen / Schulen Klassenbücherei- und Aquariumsdienst und vielleicht sogar noch das Amt der „Energieagenten“, wenn es noch Thermostate und Lichtschalter gibt, die vor den Pausen heruntergedreht bzw. ausgeschaltet werden. Die Ämter werden auf ein Plakat geschrieben, die Namen der Schülerinnen und Schüler auf Wäscheklammern, die man beim Wechsel der Ämter leicht umstecken kann.

- Soziales: Klassensprecherinnen / Klassensprecher, Klassenratsleitung (Näheres s. unten), Geburtstagsdienst (führt den Geburtstagskalender der Klasse), Mediatoren für Konfliktschlichtung (die ausgebildet werden müssen), Patinnen / Paten für Krankheiten und Abwesenheit (s. dazu auch nächstes Kapitel).
- Lernen und Unterricht: tutorielles Lernen, feste Patenschaften zur Lernförderung. Dieser Bereich wird nach meiner Erfahrung am wenigsten genutzt, daher möchte ich näher darauf eingehen.

4.6.1 Partizipation beim Lernen

Partizipation im Unterricht kann schon bei der Themenplanung und -einführung beginnen. Hier überschneidet sich die Klassenführung mit der Allgemeindidaktik, daher nur einige Hinweise in aller Kürze. Die Themenplanung ist zwar durch die Lehrpläne oft vorgegeben, nicht jedoch, welche Schwerpunkte gesetzt werden. Bei der Einführung von Themen kann man eine Übersicht geben und die Klasse fragen, welche Aspekte die Lernenden besonders interessant finden, die dann im selbstgesteuerten Lernen erarbeitet und abschließend gemeinsam ausgewertet und u. U. von den Lehrenden ergänzt werden (vgl. Klaffke 2019, S. 14 ff.). Eher zur Klassenführung gehören die Organisation von tutoriellem Lernen und Lernpatenschaften. Hier können leistungsstarke und schnellere Schülerinnen und Schüler andere unterstützen. Voraussetzung ist eine Kontrolle der Arbeitsergebnisse auf Richtigkeit und Vollständigkeit durch die Lehrkraft. Die Unterstützenden werden als Expertinnen und Experten bekannt gegeben (z. B. wenn es Aufgabenpläne gibt, die in der Klasse ausgehängt werden, kann man hier eine entsprechende Spalte einfügen). Wichtig ist ein „Tutorinnentraining“: Wie kann ich andere am besten unterstützen, ohne sie zu bevormunden oder ohne ihnen eigene Anstrengungen abzunehmen? (Material hierzu bei Brisson et al. 2017, S. 34). Feste Lernpatenschaften bieten sich vor allem dann an, wenn es in einer Klasse leistungsstarke Lernende und solche mit einem längerfristig bestehenden Förderbedarf gibt, die auf Dauer zusammenarbeiten und vielleicht auch die Arbeitsplätze nahe beieinander haben. Dieses Modell hat z. B.

die hessische Schülerinnen / Schüler-Vertretung zur Unterstützung von neu in die Klasse kommenden Geflüchteten vorgeschlagen, die eine Patin oder einen Paten erhalten, die oder der ihnen über die Anfangsschwierigkeiten hinweghilft. Gegenseitige Unterstützung ist generell etwas, bei dem sich Kinder und Jugendliche wertvoll für die Gemeinschaft erfahren können, und es sollte daher zu einem Strukturprinzip für die Klasse werden (s. dazu Kapitel 6). Es sei noch erwähnt, dass Tutorinnen und Tutoren bzw. Patinnen und Paten auch klassenübergreifend tätig werden können, z. B. zur Unterstützung in Lernzeiten des Ganztags, in der Mittagspause oder zur Begleitung von Lernenden aus Eingangsklassen durch ältere.

4.6.2 Der Klassenrat: gelebte Demokratie

Der „Königsweg" der Partizipation im Rahmen von Klassenführung ist für mich der Klassenrat. An vielen Schulen und in vielen Klassen gibt es ihn schon (leider liegen mir keine empirischen Daten zu seiner Verbreitung vor), aber es gibt auch Widerstände und Hemmnisse. Zum einen ist es natürlich verständlich, dass eine Klassenleitung, die nur mit wenigen Unterrichtsstunden in ihrer eigenen Klasse eingesetzt ist, diese nicht „opfern" möchte. Wie bereits ausgeführt: Klassenleitung braucht Ressourcen und für den Klassenrat eine Klassenleitungsstunde. Diese ist nach der Pandemie nach meiner Beobachtung oft gestrichen worden – mit der Begründung, es gehe jetzt darum, Lernrückstände aufzuholen, und da könne man nicht für alles und jedes Stunden opfern. Umgekehrt wird ein Schuh daraus, denn hier wird übersehen, dass wir nicht nur Lernrückstände aufholen müssen, sondern auch „Sozialverluste" – z. B. Verluste an Selbstwirksamkeitsüberzeugung und Mitwirkungsmöglichkeiten. Das zweite Hemmnis besteht meiner Beobachtung nach in der Durststrecke, die man bei der Einführung des Klassenrats überwinden muss. Daher ist es wichtig, nicht zu viel auf einmal zu wollen, sondern Schritt für Schritt vorzugehen:

- Am Anfang steht ein Gespräch mit der Klasse, um den Sinn und die Ziele dieser Einrichtung zu vermitteln. Wenn die Klasse nicht motiviert ist, diesen Weg mitzugehen, dann sollte man vorerst darauf verzichten, denn eine erzwungene Partizipation ist ein Widerspruch in sich!
- Die Regeln und Abläufe sollten besprochen werden (s. Kasten).
- Zum Üben sollte zunächst nur ein Thema angesetzt werden, das aber auch nicht zu brisant sein sollte, um die Klasse nicht zu überfordern. Generell gilt: Die Leitung obliegt den Schülerinnen und Schülern, aber wenn die Diskussion aus dem Ruder läuft, sollten Sie eingreifen und fragen, welche Regeln nicht eingehalten wurden. Danach kann ein Neustart versucht werden.

- Ein Themenspeicher und eine „Klassenrats-Wandzeitung“ mit den Rubriken Lob / Kritik / Wünsche sollten eingerichtet werden.
- Nach und nach kann man weitere Themen hinzunehmen. Die Einführungsphase für den Klassenrat dauert meiner Erfahrung nach ein halbes Jahr. Es sollte immer genug Zeit für eine „Manöverkritik“ eingeplant werden.
- Die Rollen (s. Kasten) sollten nicht nach jeder, sondern erst nach zwei oder drei Sitzungen wechseln, damit die Möglichkeit besteht, aus Erfahrungen zu lernen.

Empfehlenswert ist es auch, bei einer Lehrperson zu hospitieren, die langjährige Erfahrungen auf diesem Gebiet hat. Auch der Besuch einer Fortbildung zu diesem Thema ist anzuraten (mehr bei Friedrichs 2023).

B

Möglicher Ablauf einer Klassenratssitzung

1. Die Rollen festlegen
   - Leitung (2)
   - Zeitwächter:in
   - Regelwächter:in
   - Protokollant:in

2. Beginn mit der Formulierung
   „Hiermit eröffne ich den Klassenrat“

3. (Eventuell:) Bericht aus der Schülervertretung (SV/SMV)

4. Das Protokoll des letzten Klassenrats wird verlesen.
   - Werden die Beschlüsse richtig wiedergegeben?
   - Haben die Absprachen geklappt?

5. Themen (aus dem Themenspeicher) festlegen und nacheinander aufrufen

6. (Eventuell:) Ämter neu vergeben
   Die Namen auf dem Ämterplakat werden aktualisiert.

7. Notizen von der Wandzeitung verlesen
   - Lob:
     - Klassenratsleitung liest Lob vor

- Kritik
  - Klassenratsleitung liest Kritik vor und fragt, ob dieser Punkt noch aktuell ist.
  - Der Verfasser / Die Verfasserin erläutert die Kritik.
  - Der / Die Kritisierte schildert, wie er / sie das Problem sieht.
  - Diskussion
  - Suche nach möglichen Lösungen – wie wollen wir in Zukunft mit dem Problem umgehen?
  - Eventuelle Beschlussfassung (Abstimmung) – Ergebnis ins Protokoll
- Wünsche
  - Der Verfasser / Die Verfasserin erläutert den Wunsch.
  - Diskussion: Stimmen wir dem Wunsch zu – und wenn ja, wie setzen wir ihn um?
  - Eventuell Beschlussfassung (Abstimmung) – Ergebnis ins Protokoll

8. (Eventuell:) Themen für das nächste Mal in den Themenspeicher schreiben

9. Ende: „Hiermit beende ich den Klassenrat."

(nach Klaffke / Wübbels 2022, S. 21)

Meiner Erfahrung nach kann es das Klima in einer Klasse nachhaltig verbessern, wenn ein Klassenrat etabliert ist. Es geht hier nicht so sehr um die Institution, sondern um eine „Philosophie" der Partizipation, die sich auch im Schulalltag generell zeigen sollte, indem die Lehrkräfte die Meinungen, Anliegen, Ideen und Wünsche ihrer Schülerinnen und Schüler beachten, ernst nehmen und aufgreifen.

Literatur

Eingangszitat von Dieter Bachmann aus einem Interview mit Christian Mayer in der „Süddeutschen Zeitung" vom 31.03.2023.

Becker, Moritz (2019): Der Klassenverband beginnt um 6.30 Uhr. Regeln im Klassenchat. In: Klasse leiten, Heft 6 / 2019, S. 38 ff.

Brisson, Brigitte / Heyl, Katrin / Sauerwein, Markus / Theis, Desiree / Fischer, Natalie (2017): Leitfaden StEG-Tandem. Konzeptuelle Weiterentwicklung von Hausaufgabenbetreuung und Lernzeiten. Studie zur Entwicklung von Ganztagsschulen. https://www.pedocs.de/volltexte/2018/15098/pdf/Leitfaden_STEG-Tandem.pdf, recherchiert am 17.04.2023.

Deci, Edward L. / Ryan, Richard M. (1993): Die Selbstbestimmungstheorie der Motivation und ihre Bedeutung für die Pädagogik. In: www.pedocs.de/volltexte/2017/11173/pdf/ZfPaed_1993_2_Deci_Ryan_Die_Selbstbestimmungstheorie_der_Motivation.pdf, recherchiert am 16.04.2023.

Dubs, Rolf (2009): Lehrerverhalten. Ein Beitrag zur Interaktion von Lehrenden und Lernenden im Unterricht. 2. Aufl. Stuttgart: Franz Steiner Verlag.

Eichhorn, Christoph (2013): Chaos im Klassenzimmer. Classroom Management: Damit guter Unterricht noch besser wird. Stuttgart: Klett.

Friedrichs, Birte (2021): Glücksglas. In: Klasse leiten, Heft 17/2021, S. 19.

Friedrichs, Birte (2023): Praxisbuch Klassenrat. Gemeinschaft fördern, Konflikte lösen. 3. Aufl. Weinheim/Basel: Beltz.

Friedrichs, Birte/Zergiebel, Mike (2021): Sicherheit, Verlässlichkeit, Zugehörigkeit. Über die Bedeutung von Ritualen für die Gemeinschaft. In: Klasse leiten, Heft 17/2021, S. 4 ff.

Görgner, Michael (2015): Klasse Management. Oder wie man sich als Lehrer vor der Klasse behauptet. Baltmannsweiler: 2., korr. Aufl. Schneider Verlag Hohengehren.

Helmke, Andreas/Helmke, Tuyet (2014): Wie wirksam ist gute Klassenführung? In: Lernende Schule, Heft 65/2014, S. 9 ff.

Keller-Schneider, Manuela (2023): Lehrpersonen im Berufseinstieg begleiten. In: Schule leiten, Heft 31/2023, S. 17 ff.

Kiel, Ewald; Frey, Anne; Weiß, Sabine (2013): Trainingsbuch Klassenführung. Bad Heilbrunn: Klinkhardt/UTB.

Klaffke, Thomas (2019): Verantwortungsvoll mitbestimmen. Partizipation im Unterricht. In: Klasse leiten, Heft 7/2019, S. 14 ff.

Klaffke, Thomas (2021): Struktur geben – Störungen vermeiden. In: Klasse leiten, Heft 17/2021, S. 29 ff.

Klaffke, Thomas (2022a): Klassen führen, Klassen leiten. Beziehungen, Lernen, Classroom Management. 3. Aufl. Hannover: Klett Kallmeyer.

Klaffke, Thomas/Wübbels, Hermann (2022): Start ins neue Schuljahr. Praxisratgeber. Hannover: Friedrich.

Klingberg, Lothar (1990): Lehrende und Lernende im Unterricht. Zu didaktischen Aspekten ihrer Positionen im Unterrichtsprozeß. Berlin: Volk und Wissen.

Kounin, Jacob S.: Techniken der Klassenführung. Bern 1976; Nachdruck Münster, 2006: Waxmann.

Rief, Eva (2019): Klassenführung als Professionalisierungsaspekt. Eine empirische Untersuchung mit Lehrerinnen und Lehrern in der Berufseingangsphase. Berlin: Wissenschaftlicher Verlag.

Schratz, Michael u. a. (2022): Lernseits führen. Den Facettenreichtum im Schulleben erkunden. Hannover: Klett Kallmeyer.

Warbinek, Astrid/Reinhardt, Margarete (2020): Segel setzen. Leitgedanken zu Klassenführung und Selbstregulation. Bern: hep Verlag.

5 Unterrichtsstörungen und andere Herausforderungen

„Ein Kind ist nicht herausfordernd, um etwas gegen mich zu tun, sondern um etwas für sich zu tun."
(Helle Jensen)

Klassenführung ist oft sehr herausfordernd. In meinen Fortbildungen werden dazu häufig zwei Problematiken genannt: Unterrichtsstörungen und „schwierige" Lernende sowie „schwierige" Klassen. Die hier entstehenden Probleme können sehr belastend werden und die Gesundheit der Lehrkräfte beeinträchtigen. Um damit klarzukommen, braucht es Fortbildungen, Beratung und Supervision, aber vielleicht können auch die in diesem Kapitel gegebenen Hinweise Hilfen geben.

Einen Unterricht ohne Störungen gibt es nicht oder nur ganz selten. Was als Störung wahrgenommen wird, ist sehr unterschiedlich – Lehrkräfte haben ihre eigenen „Seismographen". Die eine stört es nicht, wenn es im Klassenraum wuselig zugeht, der andere fühlt sich schon durch Getuschel gestört. Zweifellos gibt es Situationen jenseits subjektiver Bewertungen, die einen Fortgang des Unterrichts unmöglich machen: beispielsweise, wenn zwei Kinder auf dem Boden liegen und raufen oder wenn es so laut ist, dass man die Stimme der Lehrkraft nicht mehr versteht.

5.1 Ursachen von Unterrichtsstörungen

Bei Fortbildungen zu diesem Thema führe ich immer eine Umfrage unter den Teilnehmenden durch, welches Verhalten sie stört. Ganz oben stehen Konflikte innerhalb der Klasse, was die Bedeutung des sozialen Lernens und eines guten „Betriebsklimas" unterstreicht. Weiterhin werden häufig genannt:

- Ärgern und Beleidigen anderer;
- respektloses Verhalten – auch gegenüber Lehrkräften;
- Reden mit anderen / Unruhe / Zwischenrufe;
- gewalttätiges Verhalten, von Drohungen bis hin zu körperlichen Angriffen, besonders in Pausen;
- unerlaubtes Benutzen von Geräten, vor allem Smartphones;
- Zuspätkommen nach Unterrichtsbeginn;
- Mobbing und Cybermobbing.

Innerer Rückzug, Passivität, Phlegmatismus, Vermeidungsstrategien usw. werden eher selten genannt, gehören für mich aber auch zu Störungen, da sie den Fortgang des Unterrichts erschweren. Und dann gibt es natürlich auch besondere Herausforderungen wie „Systemsprenger“, auf die ich weiter unten noch eingehe.

Störungen werden beileibe nicht nur von Schülerinnen und Schülern verursacht, sondern auch durch die Lehrkräfte und deren Unterricht und durch die Rahmenbedingungen. Hierzu im Einzelnen:

- Zu den *Rahmenbedingungen* gehören Verkehrs-, Bau- und Fluglärm, Lautsprecherdurchsagen, beengte Räume mit schlechter Belüftung und ungünstiger Akustik, Bewegungsmangel durch einen Stundenplan, der z. B. eine Abfolge von sechs Einzelstunden vorsieht, in denen vorwiegend kognitiv ausgerichtete Fächer aufeinanderfolgen. Auch das System Schule kann eine Ursache sein, wenn es kein pädagogisches Konzept gibt (die Schule wird nicht als Lebensraum gestaltet und bemüht sich nicht um ganzheitliches Lernen und um Beteiligungsmöglichkeiten für die Lernenden), wenn es kein erlebbares Leitbild und keine Schulregeln gibt bzw. Schulregeln, die nicht befolgt und durchgesetzt werden. Hier hat dann die einzelne Lehrkraft doppelte Arbeit.
- Störungen können auch von *Lehrkräften* ausgehen. Dass ein gut vorbereiteter, interessanter, motivierender, aktivierender Unterricht mit Phasenwechseln und Zeiten für selbstgesteuertes Lernen sowie Vermeidung von Über- und Unterforderung die „halbe Miete“ einbringt, ist eine Binsenweisheit. Dass auch das Verhalten der Lehrkräfte Störungen hervorrufen kann, weiß man seit Kounins Studien. Dazu gehören „Punivität“ (d. h. strafendes Verhalten sogar bei Kleinigkeiten, was nur Aggressivität erzeugt), fehlender Schwung, Brüche bei den Übergängen von einer zur nächsten Phase, Abschweifungen. Alles, was in den vorherigen Kapiteln beschrieben wurde, kann auch als Defizit auftreten: mangelnde Beziehungskompetenz, abwertendes Verhalten, schlechte Klassenführung, fehlende Regeln bzw. Inkonsequenz bei deren Nichteinhaltung, fehlende Rituale und fehlende Partizipation können Quellen von Störungen werden.
- Störungen durch *Lernende* können familiäre und gesellschaftliche Ursachen haben. Geringes Selbst(wert-)gefühl durch autoritäres und abwertendes Verhalten der Eltern, Bindungsunsicherheit aufgrund ungünstiger Entwicklungen in der Familie (Trennungen, Krankheiten, psychische Probleme der Eltern oder vernachlässigendes Verhalten), Traumata (z. B. durch Missbrauch, Verlust eines Elternteils oder von Geschwistern, durch Krieg, durch Flucht), Unsicherheit durch Laissez-faires-Erziehungsstil der Eltern, die ihre Führungsverantwortung nicht wahrnehmen oder ihr Kind überhöhen („Prinzessinnen-Syndrom“) mit einem „inflated ego“ und erhöhtem Bedürfnis nach Aufmerksamkeit als Folge usw. (s. Kapitel 5.6).

- Zu den gesellschaftlichen Ursachen gehören Einflüsse von (sozialen) Medien, zu Bewegungsmangel führender übermäßiger Medienkonsum, mangelnde Perspektiven und Zukunftsaussichten aufgrund der sozialen Lage und Bildungsferne des Herkunftsmilieus, das im Extremfall delinquentes Verhalten und Gewaltbereitschaft zur Norm erhebt (mehr dazu in Kapitel 5.6, vgl. auch Klaffke 2022b, S. 22 ff.). Durch die Krisenzeit wurden diese Faktoren verstärkt. Beispielsweise haben Bewegungsmangel und fehlende soziale Kontakte in den Zeiten der Schulschließungen einerseits mehr Unruhe und Aggressivität und andererseits Rückzugstendenzen verursacht.

5.2 Prävention von Unterrichtsstörungen

Unterrichtsstörungen werden sich nie vermeiden lassen, aber sind eher zu bewältigen, wenn folgende Möglichkeiten der Prävention genutzt werden:
- ein interessanter, motivierender, aktivierender Unterricht;
- Möglichkeiten für Bewegung und Entspannung im Laufe des Schultages (besonders wichtig in Ganztagseinrichtungen);
- ein Bemühen um konstruktive, wertschätzende Beziehungen zwischen Lehrenden und Lernenden und Lernenden untereinander;
- ein gutes Klassenklima;
- offener Umgang mit Konflikten unter Einbeziehung der Beteiligten;
- Menschen- und kinderrechtsorientierte Werte und erlebbare ethische Grundhaltung aller in der Schule Tätigen;
- klare Regeln in der Schule und in der Klasse;
- Rituale, Routinen und Prozeduren für die Klassenführung;
- Partizipationsmöglichkeiten für die Lernenden, z. B. im Klassenrat und im täglichen Miteinander.

Klassenführung evaluieren

Um sich ein Bild zu verschaffen, ob die eigene Klassenführung bei den Lernenden so wirksam wird, wie man es sich wünscht, ist von Zeit zu Zeit eine Evaluation sinnvoll. Ein bewährtes Instrument dafür ist der „Linzer Diagnosebogen zur Klassenführung“. Hier werden Feedbackbögen für alle Klassenstufen – nach Geschlecht der Lehrenden unterschieden – angeboten. Der große Vorteil ist, dass man bei der Auswertung einen Vergleich mit den über viele Jahre kumulierten Durchschnittswerten anstellen kann.[19]

19 s. http://ldk.aau.at/, recherchiert am 12.05.2023

5.3 Niederschwellige Reaktionen bei Störungen

Schon Kounin wies darauf hin, wie wichtig es ist, bei kleinen Störungen nicht gleich die schwersten Geschütze aufzufahren. Görgner vergleicht solche Lehrkräfte mit Rumpelstilzchen, die durch ihre Interventionen gleichsam Benzin ins Feuer schütten (Görgner 2015, S. 50). Daher sollte man mit Störungen so entspannt wie möglich umgehen, sie nicht persönlich nehmen und freundlich und zugewandt bleiben. Generell empfiehlt es sich, vor einer Reaktion kurz innezuhalten, sich einen Moment der Reflexion zu gönnen und sich erst dann zu entscheiden, wie man vorgehen will. Hier einige Möglichkeiten:

- Jede Lehrkraft kennt die Methode des Ignorierens, die nicht mit Ignoranz zu verwechseln ist, denn wir bemerken die Störung ja, gehen aber nicht verbal darauf ein und geben den Störenden durch Mimik und Gestik zu verstehen, dass wir im Bilde sind. Man kann das auch damit verbinden, dass man in die Mitte der Klasse oder in die Nähe der Störenden geht und langsam leiser wird.
- Pause: Eine altbewährte Methode ist die „Pausentaste", mit der man wartet (und hofft), dass die Störenden reagieren.
- Für nonverbale Reaktionen ist die Körpersprache sehr wichtig: Blickkontakt, Mimik, Gestik und Körperhaltung. Mit einem Blickkontakt können wir vielleicht den Störenden zeigen, was wir uns von ihnen wünschen. Ein Stirnrunzeln oder gehobene Augenbrauen unterstreichen diesen Wunsch. Kopfschütteln und eine energische waagerechte Hand- und Armbewegung sind eine von vielen Steigerungsmöglichkeiten, die alle den Vorteil haben, dass wir unsere Stimme schonen und den Unterrichtsfluss nicht unterbrechen.
- Der Geduldsfaden ist eine weitere Möglichkeit der nonverbalen Intervention. Hierzu werden auf einem Tafelflügel, einer Flipchart oder dem Whiteboard ein Anfangs- und Endpunkt und die Schleifen festgelegt. Kommt es zu einer Störung, zieht man den Geduldsfaden so lange, bis es wieder ruhig wird (s. Abbildung). Wird der Endpunkt nicht erreicht, gibt es eine Anerkennung (z. B. Spiel- oder Vorlesezeit oder Punkte für einen Ausflug). Dies kann am Ende des Unterrichtstages oder im Fachunterricht am Ende der Woche sein.

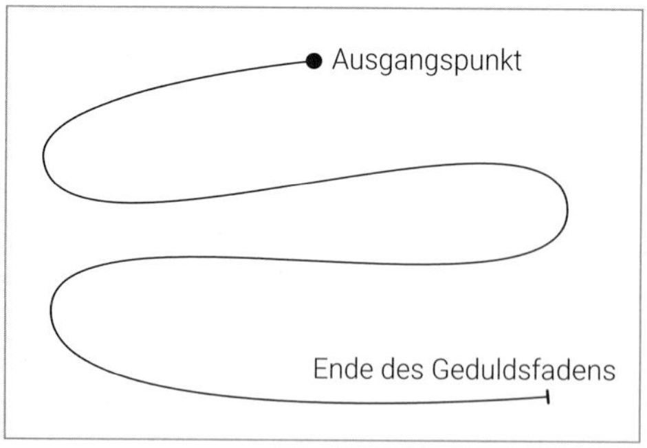

Abb. 3: Geduldsfaden

- Hat all dies keinen Erfolg, können wir auch *verbal reagieren*. Hierbei ist der Grundsatz wichtig, die Störenden nicht zu kritisieren oder bloßzustellen (und auch nicht lautstark aus großer Entfernung), sondern das gewünschte Verhalten zu benennen, z. B.: „Emilia, dreh dich um und mach wieder mit.“ Kommt Emilia dem nach, sollten wir dies anerkennen: „Prima, Emilia, dass du wieder mitmachst!“
- Anerkennen ist ohnehin wertschätzender und meistens auch erfolgreicher als Kritik. Beispiel: „20 von 23 haben schon bemerkt, dass der Unterricht begonnen hat, und die anderen drei werden es sicher auch bald merken.“
- Paradoxe Interventionen: Merke ich, dass Schülerinnen und Schüler über das Thema des Unterrichts, eine Aufgabe o. Ä. sprechen und sich gegenseitig etwas erklären, dann wäre es kontraproduktiv, sie zu ermahnen. Stattdessen sollte man sie ermutigen, ihren Dialog in der Klasse zu veröffentlichen. Oder wenn es um einen ernsthaften Konflikt zwischen Schülerinnen und Schülern geht, sie bitten, das Gespräch außerhalb der Klasse fortzusetzen (wenn man sie dabei im Blick haben kann).

B

Die „CIA-Methode“

Eine kreative Intervention bei einer Störung während einer Stillarbeitsphase lernte ich bei einer Hospitation kennen: „Cem, pass mal auf, ich rede jetzt mit Anas und du versuchst mal mitzubekommen, was wir da besprochen haben.“ Der Lehrer unterhält sich im Flüsterton und fragt: „Und, Cem, hast du was verstanden?“ Der Schüler schüttelt den Kopf. „Siehst du, so schaffst du es auch, schön leise!“ Diese Intervention war erfolgreich! Der Kollege nennt dies die „CIA-Methode“. Man kann dabei auch die gesamte Klasse zuhören lassen.

Niederschwellige Maßnahmen bei Störungen sind besonders für die Schüchternen wichtig, die sich vielleicht auch mal trauen, etwas Freches zu sagen oder dazwischenzurufen. Es wäre verheerend, ihnen „einen auf den Deckel zu geben“, wenn sie sich mal aus ihrem Schneckenhaus heraustrauen. „Mild und freundlich“ sollte hier die Devise für eine Intervention sein – oder man sollte ihnen eine positive Rückmeldung dafür geben, dass sie sich etwas trauen, und ihnen vorschlagen, sich beim nächsten Mal zu melden.

5.4 Interventionen bei Störungen

Leider reichen niederschwellige Reaktionen bei Störungen nicht aus und wir müssen intervenieren, damit der Unterricht fortgesetzt werden kann. Früher wurden Strafen verhängt, die aus meiner Sicht in der Pädagogik kontraproduktiv und herabwürdigend sind. Strafen haben etymologisch mit körperlichen Übergriffen zu tun („streifen") und gehören in die Strafjustiz. In der Schule sind sie dann angebracht, wenn wirklich Gesetze gebrochen werden, und sie kommen nur bei Jugendlichen in Betracht, z. B. bei vorsätzlicher Körperverletzung und schwerem Diebstahl, wobei die Polizei einzuschalten ist. Es ist kein Zufall, dass im Schulrecht das Wort Strafe nicht vorkommt, sondern Begriffe wie Erziehungs- und Ordnungsmaßnahmen. Das Wort Strafe wird auch im Alltag oft durch „Maßnahme" ersetzt, und viele Lehrkräfte fragen zu Recht, wo denn der Unterschied zu einer Strafe liegt, denn viele sogenannte Maßnahmen wirken für die Betroffenen wie eine Strafe. Auch „Interventionen" können so wirken. Der Unterschied liegt für mich in der Haltung der Pädagoginnen und Pädagogen, mit der sie eine Intervention vornehmen. Zunächst ein Überblick über die Interventionen, die nach meiner Beobachtung an Schulen häufig vorkommen:

Interventionen an Schulen

- Entzug von Vergünstigungen
- Abnehmen von Gegenständen
- Benachrichtigungen an Klassenleitung / Eltern / Schulleitung
- Ausfüllen eines Reflexionsbogens (s. unten)
- Beauftragung mit besonderen Arbeiten
- Zusatzaufgaben / zusätzliche Arbeitszeit nach dem Unterricht
- Umsetzen
- Einbestellung zum Gespräch nach dem Unterricht / außerhalb des Unterrichts
- Verhaltensausweis (s. Downloadmaterial 10)
- Verhaltensvertrag
- eine Wiedergutmachung vereinbaren (z. B. einen Klassendienst übernehmen oder Ersatz für etwas Beschädigtes leisten)
- „Auszeit" am Sitzplatz (z. B.: „Du hast jetzt eine Zeit der Stille für 10 Minuten!"), eventuell mit Sanduhr und mit dem Auftrag, einen Reflexionsbogen auszufüllen
- in eine andere Klasse schicken
- Störende in einen Auszeitraum (Trainingsraum) schicken
- sofortiger Ausschluss vom Unterricht

Wie gesagt, alle diese Interventionen, besonders diejenigen, die mit einem Ausschluss aus der Gemeinschaft verbunden sind, können als – wenn auch nur temporäre – Strafe empfunden werden und damit Wut und Rachegedanken hervorrufen. Ein Ausschluss aus dem Unterricht kann auch die negativen Gefühle aus der Lockdownzeit wieder hervorrufen und zu Beziehungsabbrüchen und -störungen führen. Auch wenn keine Strafe durch die Lehrkraft intendiert ist, fühlen sich die Betroffenen durch solche Interventionen oft kritisiert, vielleicht auch bloßgestellt oder sogar abgewertet, wenn auch noch negative Kommentare zur Person der Störenden gegeben werden („Tim, du bist wirklich der Kracher der Klasse!“). Unser Ziel sollte sein, dass dieser Schüler bzw. diese Schülerin selbst wieder mitarbeiten kann. Das sollte auch so kommuniziert werden: „Ich möchte gerne ungestört unterrichten, ich will, dass alle gut lernen können – auch du!“

Wenn ich dennoch eine Intervention ausspreche, geht es nicht um eine Strafe, sondern darum, dass der Unterricht fortgesetzt werden kann und alle in der Klasse eine gute Atmosphäre zum Lernen bekommen. Das muss den Störenden immer wieder klargemacht werden, und wir müssen ihnen vermitteln, dass wir uns ihre baldige Rückkehr in den Unterricht wünschen. Und wenn sie ihr Verhalten ändern, sollte dies anerkannt werden. Ohnehin sollte man möglichst versuchen, die Störenden in die Lösung einzubeziehen, indem man z. B. fragt: „Hast du selbst eine Idee, wie du wieder mitmachen kannst?“

Man sollte den Störenden auch die Chance geben, ihr Verhalten so schnell wie möglich zu ändern. Hierzu eignet sich das *Stufenverfahren* gut:

- (möglichst freundliche) Aufforderung zur Mitarbeit und / oder Erinnerung an eine Regel („Paula, mach bitte wieder mit!“);
- wenn die Störung weitergeht: Ankündigung einer Intervention im Wiederholungsfall z. B. mittels einer gelben Karte („Paula, ich habe dich schon einmal gebeten, wieder mitzumachen, beim nächsten Mal gibt es Rot!“);
- bei der dritten Störung: „Rote Karte“, Aussprechen einer Intervention.

Bevor es zur Roten Karte kommt, kann man eine Gelbe Karte ausgeben und dem / der Betreffenden die Chance geben, sein / ihr Verhalten in einer Auszeit *innerhalb* der Klasse zu überdenken. In dieser Zeit wird ein *Reflexionsbogen* ausgefüllt, der ab der 3. Jahrgangsstufe eingesetzt werden kann. In diesem Bogen sollen folgende Fragen beantwortet werden:

- Ich habe mich durch dein Verhalten gestört gefühlt.
  Bitte stelle deine eigene Sicht dar!
- Kannst du einen oder mehrere Gründe nennen,
  warum dein Verhalten störend wirkte?
- Und wie kam es dazu?
- Wenn du mit anderen geredet hast oder dazwischengerufen
  hast, lag es daran, dass ... (hier können Antwortmöglichkeiten
  zum Ankreuzen gegeben werden).
- Was könnte dir helfen, im Unterricht ohne Störung mitzuarbeiten?
- Wie könnte ich dich dabei unterstützen?

(Eine Kopiervorlage finden Sie in den Downloadmaterialien Nr. 11.)

Dieser Bogen sollte möglichst auf gelbem Papier gedruckt sein, damit der Zusammenhang zur Gelben Karte deutlich wird. Verläuft die Auszeit ohne Störung und gibt der / die Lernende den Bogen ausgefüllt zurück, sollte dies unbedingt anerkannt und ein Gespräch angeboten werden. Bei Kindern, die noch nicht so gut schreiben können, bietet sich eine Auszeit an, in der ein Bild gemalt werden kann, z. B. mit dem Auftrag: Male ein Bild in zwei Teilen: links, was passiert ist, und rechts, wie es besser sein könnte. Wenn dann auf der rechten Bildhälfte eine Sonne aufgemalt wird, kann dies den Wunsch des Kindes ausdrücken, wieder konstruktiv mitzuarbeiten. Auch ein Fragebogen (s. Downloadmaterial Nr. 12) kann eine Anregung für die Reflexion des Verhaltens sein, wenn es die Möglichkeit für ein anschließendes Gespräch gibt.

Man kann sich und den Betroffenen mit Gelben und Roten Karten unnötiges Reden ersparen, wenn der Klasse die Bedeutung dieser Symbole klar ist. Ändert die oder der Störende nach einer gelben Karte das Verhalten, sollte das auf jeden Fall anerkannt werden: „Prima, Paula, dass du wieder mitarbeitest!“

Fazit: Im Umgang mit Störungen sind unsere Beziehungskompetenz, unsere persönliche Autorität, unsere Fähigkeit, „Nein“ zu sagen, besonders gefordert. Wenn Kinder und Jugendliche merken, dass wir sie wegen ihres Verhaltens nicht bestrafen, abschieben, verurteilen wollen, sondern daran interessiert sind, dass auch sie selbst wieder gut mitarbeiten können, dann stärkt das langfristig ihr Vertrauen und ihre Bindung zu uns.

5.5 „Schwierige“ Schülerinnen und Schüler?

Seit meinem 25. Lebensjahr bin ich als Lehrkraft in Schulen tätig – in den letzten Jahren eher ehrenamtlich oder als „Springer“. In diesen mehr als 45 Jahren hatte und habe ich es mit Kindern und Jugendlichen und auch ganzen Klassen zu tun, die oft als „schwierig“ bezeichnet werden, was ja schon eine Zuschreibung ist und auch nicht von allen Beteiligten so gesehen wird. Für mich ist der Ausdruck „herausfordernd“ angemessener, vor allem, wenn er keinen objektiven Tatbestand zu beschreiben versucht, sondern wenn er die Sichtweise der Lehrkraft beschreibt: diese Schülerinnen und Schüler werden von den Lehrkräften als herausfordernd empfunden. Auch der Begriff „auffällig“ wird in Literatur und Praxis verwendet. Meyer beschreibt den Begriff Auffälligkeiten ausgehend von einer bekannten Definition Myschkers wie folgt:

> „„Auffälligkeiten bei Schüler:innen bezeichnen das besonders facettenreiche, häufige oder schwere Abweichen der Entwicklungs-, Lern- und Arbeitsfähigkeit einer Schülerin oder eines Schülers bzw. ihr / sein Abweichen in der Interaktion mit der Umwelt von

> der Erwartungsnorm einer Lehrkraft, die durch den zeit- und kulturspezifischen Kontext geprägt ist.“ (Meyer / Tretter / Englisch 2020, S. 11)

Einleitend einige subjektive Erfahrungen:

- Wir können nicht alle retten, trotz aller Bemühungen gehen uns einzelne Heranwachsende verloren, die in Kriminalität oder Drogenmissbrauch abrutschen. Suizide (ehemaliger) Schülerinnen und Schüler sind etwas, was am meisten wehtut. Und auch die Begrenztheit eigener Einflussmöglichkeiten zu erkennen, ist oft schmerzhaft. Wir können keinen Notdienst rund um die Uhr anbieten, unsere Empathie ist eine professionelle im Rahmen unserer Berufstätigkeit und im Rahmen unserer Arbeitszeit.
- Dennoch kann man mit professioneller Empathie als Lehrkraft viel bewirken: solange und soweit mein Einfluss reicht, gebe ich keine:n Jugendliche:n, kein Kind verloren. Ich suche immer nach Ressourcen und Kompetenzen für mögliche Veränderungen.
- Wichtig war für mich die Erkenntnis, dass das herkömmliche System Schule mit 6 x 45 Minuten Unterricht im Sitzen an fünf Wochentagen für viele nicht passt: für die Freiheitsliebenden, die Kreativen, die unruhigen Geister (die nicht immer nur ADHS haben), die besonders Extrovertierten. Sie brauchen eher Theater, Kunst, Praktisches (Handwerkliches, Garten, Tiere, Küche ...) und vor allem Möglichkeiten, sich zu bewähren. Eine Veränderung schulischer Konzepte hin zu ganzheitlichem Lernen kann viele Schwierigkeiten verringern.
- Ein Beispiel: Ich habe viele Jahre lang Theater-AGs geleitet, und die „Störenfriede“ im Unterricht waren hier oft die agilsten Schauspielenden, weil sie keine Hemmungen hatten, auf die Bühne zu gehen. Und sie haben sich hier nicht selten auch zentrieren können.
- Viele Schwierigkeiten (wie auch psychische Probleme oder Tendenzen zu Gesetzesübertretungen) sind zum Glück episodisch, und viele herausfordernde Schülerinnen und Schüler machen erstaunliche Entwicklungen. Wenn ich ehemalige Hauptschülerinnen und -schüler treffe, die mich viele Nerven gekostet haben, und Sätze höre wie: „Das hätten Sie wohl nicht gedacht, dass aus mir noch mal etwas wird ...!“ – dann geht mir das Herz auf. Als „Junglehrer:in“ hat man meistens noch nicht auf dem Schirm, dass sich die Früchte unserer Bemühungen oft erst nach vielen Jahren zeigen.

Was als schwierig oder herausfordernd empfunden wird, kann von Lehrkraft zu Lehrkraft sehr unterschiedlich sein. Für manche beginnen Herausforderungen schon dann, wenn Kinder und Jugendliche sehr selbstbewusst sind und sich nicht ohne Weiteres den Anordnungen und Meinungen Erwachsener beugen wollen. Im „Durchschnitt“ entstehen Herausforderungen vor allem dann,

- wenn Schülerinnen und Schüler permanent den Unterricht stören;
- wenn sie sich über die Grenzen anderer, auch der Erwachsenen, hinwegsetzen;
- wenn sie andere herabsetzen, entwürdigen, unterwerfen und körperlich oder psychisch angreifen wollen.

Diese Verhaltensformen können so destruktiv sein, dass der Unterricht nicht mehr funktioniert. Sie werden für Lehrkräfte so belastend, wenn es nicht nur bei Einzelnen, sondern ganzen Gruppen vorkommt, in denen asoziales Verhalten bewundert und zur Norm wird und sogar mit Gesetzesbrüchen einhergeht. Hier kommt die einzelne Lehrkraft an die Grenze ihrer Möglichkeiten, hier sind die Klassen- und Jahrgangsteams und auch das gesamte System Schule gefordert, die sich u. U. um externe Unterstützung bemühen müssen (mehr dazu s. Klaffke 2022b, S. 107 ff. sowie auch in Kapitel 7).

5.6 Ursachen für Herausforderungen

Im Umgang mit herausfordernden Schülerinnen und Schülern ist es wichtig, sich über die Ursachen solchen Verhaltens klar zu werden. In den allermeisten Fällen haben sie selbst nicht die Verantwortung für ihr Verhalten. Hier sogar von „Schuld“ zu sprechen stellt schon eine Kränkung dar. Auch sollte man sich vor einer Pathologisierung dieser Kinder und ihres Verhaltens hüten (wie z. B. von Michael Winterhoff betrieben). Es geht vielmehr darum, Verständnis zu entwickeln und den Blick auf Ressourcen und Kompetenzen zu richten, die für pädagogische Beziehungen wirksam werden können. Kein Kind wird als „Systemsprenger“ geboren. Aus der Forschung über die frühe Kindheit ist bekannt, dass Kinder von Geburt an soziale Wesen sind, in Resonanz mit den Bezugspersonen gehen und auf feinfühlige Wahrnehmung, liebevolle Zuwendung und Fürsorge besonders der Eltern angewiesen sind. Bleibt diese aus oder ist diese unzureichend und kommt es zu keiner zuverlässigen Bindung, kann dies zu ersten Störungen, z. B. Rückzug oder Verzweiflung, führen.
Weitere *Ursachen für herausforderndes Verhalten* können sein:

- abwertendes oder zurückweisendes Verhalten von Eltern, die sich ihre Kinder „vom Hals zu halten“ versuchen, um ihre Ruhe zu haben, und / oder ihre Kinder autoritär maßregeln, mit der Folge, dass diese kein stabiles Selbstwertgefühl entwickeln können.
- vernachlässigendes Elternverhalten, u. U., weil diese selbst mit Problemen wie Armut, Krankheit oder Sucht zu kämpfen haben. Oft werden hier Medien als Ersatz für Zuwendung verwendet.
- Traumatisierungen durch eine Trennung der Eltern in der frühen Kindheit, die destruktiv verlaufen ist.

- Traumatisierungen durch Tod eines Elternteils oder von Geschwistern, durch Übergriffe (Gewalt, sexualisierte Gewalt) o. Ä.
- Mangelnde Führung der Eltern, die unsicher sind, die ihre Grenzen nicht zeigen oder durchsetzen können oder die glauben, dass sie ihre Kinder dadurch stärken, indem sie diese ständig loben – mit der Folge des „inflated ego".
- Eltern, die ihre Kinder zu Projekten des sozialen Aufstiegs machen (findet man vor allem in der Mittel- und Oberschicht).
- Empathielosigkeit und Egozentrismus werden verstärkt durch übermäßigen Gebrauch digitaler Medien und Bevorzugung digitaler Kontakte, wodurch Beziehungen zur realen Welt, zur Natur und reale Freundschaften vernachlässigt sowie Vereinzelung und Beschränkung auf digitale Echo-Räume gefördert werden. Studien aus den USA zeigen sinkende Empathie und Zunahme des Egozentrismus („narzisstische Epidemie") bei Studierenden (vgl. Rohr 2021, S. 126 ff.).
- Hinzu kommen die Auswirkungen der Pandemie und der Krisenzeiten, die in den bisherigen Kapiteln bereits beschrieben wurden. Ergänzend zu den bisher beschriebenen Problemen spielt auch eine Rolle, dass etliche Heranwachsende in der Pandemie den Kontakt zu Schule und Lehrkräften verloren haben. Im Fernunterricht sind etliche Schülerinnen und Schüler nicht oder nur vorübergehend erreicht worden, und wenn, konnte nicht immer eine stabile Beziehung zu einer Lehrkraft ihres Vertrauens weitergeführt werden. Nach der Wiederaufnahme des schulischen Unterrichts legten manche Lehrkräfte den Schwerpunkt auf das Nachholen des versäumten Stoffes, wodurch wieder Druck aufgebaut wurde und vieles von dem wegfiel oder vernachlässigt wurde, was Schule zum Lebensraum für Heranwachsende macht: Exkursionen, Ausflüge, Klassenfahrten, Feste, Feiern, Partizipationsmöglichkeiten und unbeschwertes Zusammensein. All das führte zur Vernachlässigung pädagogischer Beziehungen und auch dazu, dass manche Jugendliche zunehmend in Opposition zur Institution Schule gehen, sich von ihr abwenden und ein eher destruktives Verhalten zeigen, zumal sie sich auch in der Krisenzeit aus den in Kapitel 1 genannten Gründen marginalisiert und ihre neu entwickelten Kompetenzen (z. B. weiterentwickelte Selbstständigkeit und Fähigkeiten im Umgang mit neuen Medien) nicht wahrgenommen fühlen.

Fazit: Herausfordernde Kinder und Jugendliche sind oft – wie die Bloggerin Sabine Trentini treffend formuliert hat[20]– selbst herausgefordert und müssen viele Probleme bewältigen. Dafür brauchen sie in der Schule Unterstützung und Angebote zur Entwicklung konstruktiver Beziehungen.

20 https://www.igfb.org/blog/132-es-gibt-viele-wege-aktiv-zu-werden, recherchiert am 04.10.2023

5.7 Verständnis zeigen und Vertrauen aufbauen

Der erste Schritt zum Aufbau einer guten Beziehung ist Verständnis. „Ich sehe, was du zu tragen hast, und werde versuchen zu verstehen, wie du dich fühlst. Und ich werde versuchen, dich zu unterstützen“ (vgl. Kühn 2018, S. 40). Zum tieferen Verständnis von Verhaltensweisen, die für Pädagoginnen und Pädagogen schwierig sind, möchte ich noch mal auf das Interview mit Willi Butollo zurückkommen. Er sieht in solchen Verhaltensweisen Versuche, mit Belastungen umzugehen.

> „Im Grunde sind es protektive Symptome, d. h., das, was am Verhalten des Kindes als störend oder bedrohlich empfunden wird, ist aus einer gewissen Perspektive ein Versuch des Kindes, die Situation so zu bewältigen, dass es sich selbst maximal schützt. Daher ist es wichtig, dass man all diese Belastungen, die für Angehörige wie für Lehrer:innen entstehen, immer auch als das Ergebnis von Bewältigungsversuchen der Kinder einzuordnen versucht. Diese Bewältigungsversuche haben leider auch Nebenwirkungen, die zu neuen Stressoren werden durch die Symptome [...] sowie durch störende Verhaltensweisen auf Seiten der Kinder. Man sieht aber stressbelastete Kinder anders, wenn man ihre ‚Störungen‘ als einen Bewältigungsversuch versteht. Wer sich bemüht, nervige Verhaltensweisen der Kinder zu verändern, möge beachten, dass sie dadurch vielleicht die Chance der Bewältigung verlieren. Das Entfernen von solchen Stresssymptomen – mit welchen Methoden auch immer – könnte vielleicht dazu führen, dass der innere Stress der Kinder sogar noch stärker wird. Auffälliges Verhalten ist eine Form, den Stress zum Ausdruck zu bringen und sich etwas zu entlasten, was wiederum die Psyche schützt. Langfristiges Ziel aber könnte sein: Belastung direkt ausdrücken, anstatt den Umweg über die Störung zu wählen. Wenn es allerdings ohne zu nerven, zu stören nicht geht, haben Störungen immer Vorrang für die Zuwendung und sollen beachtet und ihre Bedingungen gewürdigt werden.“ (Klaffke 2023, S. 16)

Kinder und Jugendliche mit besonderen Problemen brauchen Erwachsene als Gegenüber, die offen und verständnisvoll, aber auch stabil genug sind, um herausfordernde Verhaltensweisen auszuhalten. So können sie Schritt für Schritt Vertrauen aufbauen. Schon Alice Miller wies in ihrem Klassiker „Das Drama des begabten Kindes“ auf die Fähigkeit von Kindern hin, „jede noch so geringe affektive ‚Nahrung‘ [...] in der Umgebung zu nutzen“ und ein gesundes Selbstgefühl zu entwickeln (Miller 1983, S. 60). „In diesem unreflektierten, selbstverständlichen Zugang zu eigenen Gefühlen und Wünschen findet der Mensch seinen Halt und seine *Selbstachtung*. Er darf seine Gefühle leben, darf traurig, verzweifelt oder hilfsbedürftig sein, ohne Angst haben zu müssen. [...] (ebd., S. 61, Hervorhebung im Original). Besonders die Angst, abgewiesen zu werden und nicht mehr zur Gemeinschaft zu gehören, sollten wir diesen Kindern und Jugendlichen nehmen, denn Zugehörigkeit ist für sie lebensnotwendig (s. auch Kapitel 6).

Stabilität der Erwachsenen ist auch deshalb wichtig, weil die als schwierig empfundenen Verhaltensweisen oft aus unbewältigten Krisen und nicht erfüllten Bedürfnissen resultieren. Besonders in Konflikten werden die Heranwachsenden von Gefühlen überflutet, und auch in der Adoleszenz sind die Verschaltungen im Neo-Cortex noch nicht altersangemessen entwickelt, weshalb Reflexivität und Empathie noch nicht vollständig ausgebildet sind. Für sie ist es existenziell, dass sie von ihren Bezugspersonen trotz ihres für die Erwachsenen schwierigen Verhaltens in ihrem Schmerz, in ihrer Verzweiflung und in ihrer Suche nach sozialer Eingebundenheit gesehen und als Person angenommen werden (vgl. Baer / Koch 2020, S. 214).

Wichtig ist hierbei auch, Aggressionen nicht per se zu verteufeln. Aggressionen, das habe ich an anderer Stelle ausführlich dargelegt (vgl. Klaffke 2022b, S. 104 ff.), gehören zu den emotionalen Grundbedürfnissen, die wir zum Überleben benötigen. Tabuisierung von Aggressionen unter dem Segel der Gewaltfreiheit kann dazu führen, dass Kinder dieses Gefühl unterdrücken, nach innen richten und ihre Grenzen nicht mehr verteidigen können. Aggressionen sind dann problematisch, wenn sie destruktiv gegen andere gerichtet werden.

B

Ein Fallbeispiel: Merlin kommt morgens in den Klassenraum und wirft seinen Sportbeutel mit voller Wucht auf seinen Platz. Die Lehrerin reagiert lautstark: „Sag mal, spinnst du?" Eine nachvollziehbare Reaktion aus dem Bauch heraus, aber für das Kind nicht hilfreich. Wie könnte man ihm signalisieren, dass man ihn und seine Not sieht, ohne sein Verhalten zu billigen?

Verständnis für solche für uns oft unangenehmen Gefühle und Verhaltensweisen von Kindern und Jugendlichen zu zeigen heißt aber nicht, sie zu billigen (hier sei noch mal an den Dreischritt Verstehen – Verständnis – Einverständnis erinnert, s. Kapitel 3): „Ich kann dich gut verstehen, und vielleicht findest du einen Weg, deinen Ärger anders auszudrücken, sodass du dir nicht selbst und auch anderen nicht schadest!"

5.8 Bei sich bleiben und Grenzen setzen

Empathie für die als schwierig empfundenen Schülerinnen und Schüler aufzubringen ist das eine. Die andere Seite ist genauso wichtig, nämlich bei uns selbst zu bleiben. Hier ist unsere Selbstkompetenz besonders gefordert (s. Kapitel 3.7). Wenn wir uns selbst vernachlässigen und uns mit einem Helfersyndrom für die uns Anvertrauten aufreiben, tun wir weder uns selbst noch ihnen einen Gefallen. Uns droht der Burnout, aber die Kinder und Jugendlichen brauchen ein stabiles Gegenüber – Jesper Juul nannte das mal einen „Sparring-Partner" –, an dem sie sich reiben und orientieren können, denn es hilft ihnen ja nicht, wenn sie auf Dauer in ihren stressbedingten Verhaltensweisen verharren.

> „Eine souveräne, pädagogisch reflektierte Reaktion auf das herausfordernde Verhalten [...] setzt eine hohe Stressresistenz und Regulationsfähigkeit der Lehrkraft voraus. Im Umgang mit Kindern und Jugendlichen mit oppositionellem Verhalten erscheinen insbesondere Verhaltensstile von Lehrpersonen günstig, die in der US-amerikanischen Literatur unter dem Prototyp des ‚warm demander' beschrieben werden. [...] Dieser emotional warme Interaktionsstil, bei dem jedoch klare Anforderungen formuliert werden, entspricht einem autoritativen Erziehungsverständnis: Die Lehrperson besteht konsequent auf die Einhaltung von Verhaltensstandards und fordert von den Schüler:innen eine Verantwortungsübernahme für ihr eigenes Handeln ein. Aufforderungen werden respektvoll, aber beharrlich geäußert." (Kopmann / Zeinz 2015, S. 31)

Das „warm demander" entspricht der bekannten Empfehlung von Michel de Montaigne, in der Erziehung „strenge Sanftmut" zu zeigen.

Die Frage ist jedoch, wie man zu Stressresistenz und Regulationsfähigkeit kommt. In zugespitzten Situationen wird oft unser „Reptiliengehirn" mit alten Mustern aktiviert, die z. T. aus unbewältigten Problemen der eigenen Kindheit entstanden sind. Ich selbst war in meinem Beruf sehr lange großzügig und verständnisvoll, was Kinder aus autoritären Elternhäusern als Einladung zum „Aufdrehen" verstanden haben. Wenn es dann zu Chaos und massiven Störungen kam, konnte ich mir nur mit cholerischem Verhalten helfen, womit man natürlich Öl ins Feuer gießt. Andere Lehrkräfte reagieren vielleicht unsicher oder ängstlich, wodurch sich die Probleme verschärfen.

> „Wenn unser Stresssystem aktiviert ist, können wir nur unzureichend auf die Fähigkeiten des Kortex zurückgreifen. Wir müssen uns daher als Erwachsene zuerst um die Beruhigung unseres eigenen Erregungssystems und unsere emotionalen Reaktionen kümmern, bevor wir ein Kind beruhigen und regulieren können. Eine weitere Tatsache ist, dass Menschen sich emotional gegenseitig anstecken. Dieses Nutzen der neuronalen Ansteckungsbereitschaft ist eine wesentliche Basis der CoRegulation, die notwendig ist, wenn ein Kind überfordert ist. Achtsamkeits- und emotionale Regulationstrainings unterstützen wirkungsvoll diese Fähigkeit." (Menges 2023, S. 10)

In stressigen Situationen ist es wichtig, sich seiner Grenzen bewusst zu werden und diese dann auch zu zeigen und zu vertreten („Mischa, das ist mir jetzt wirklich zu viel!“). Wohlgemerkt: Es geht um die eigenen Grenzen, die wichtig sind, und nicht um die Grenzen der Kinder. „Kinder brauchen Grenzen“, dieser oft zitierte Satz suggeriert eine Grenzziehung um die Kinder herum. Wie soll das gehen? Um jedes Kind eine eigene Grenze ziehen? Oder eine Grenze um die ganze Klasse, die dann „eingehegt“ ist? Und was passiert in diesem „Gehege“? Hauen und Stechen? Und wie soll diese Grenze entstehen? „Kinder brauchen Grenzen“ ergibt nur Sinn, wenn es um unsere eigenen Grenzen geht, und es kommt darauf an, diese so zu zeigen, dass auch die übergriffigsten und zappeligsten Schülerinnen und Schüler zum Einhalten kommen. „Grenzziehungen“ in zugespitzten Situationen setzen einen guten Selbstkontakt und persönliche Autorität voraus (s. Kapitel 3.7), und es ist immer gut, wenn möglich kurz innezuhalten und zu überlegen, wie man reagieren will. Besonnenheit ist hier empfehlenswert, ebenso eine klare Körpersprache und auch unmissverständliche Impulse.

B

Ein Fallbeispiel

In der Vorweihnachtszeit schnappt sich Jan Ellas Elchmütze, setzt sie sich auf und macht tierische Geräusche. Die Lehrkraft ruft aufgebracht: „Jan, du gibst Ellas Mütze sofort zurück!“ Jan denkt aber nicht daran und läuft grunzend durch die Klasse, die Lehrkraft versucht, ihn aufzuhalten.

Wie könnte man hier intervenieren ohne körperlichen und übertriebenen stimmlichen Einsatz?

Kinder und Jugendliche mit Problemen können es meistens nicht aushalten, wenn man sie mit langen Tiraden und Vorhaltungen zur Einsicht bringen will, sie haben sich oft schon viel anhören müssen und wurden dabei häufig abgewertet. Kühn weist zu Recht darauf hin, dass auch in den empfehlenswerten kurzen Appellen Wertschätzung vermittelt werden kann (Kühn 2018, S. 118).

B

„Du störst schon wieder!“ → „Komm, mach wieder mit!“
„Immer schwätzt du!“ → „Hör mir bitte zu!“
„Ständig schreist du herum!“ → ...
„Du gehst mir total auf die Nerven!“ → ...
Versuchen Sie, eine kurze und wertschätzende Formulierung zu finden!

Kühn empfiehlt drei Schritte (2018, S. 119):
1. Verhalten des Schülers / der Schülerinnen nennen: *„Du schlägst ihn!“*
2. „Ich-Botschaft“ der Lehrkraft (Gefühle usw.): *„Das ärgert mich!“*

3. Erwartete Verhaltensänderung: *„Wenn dich etwas ärgert, dann sag es ihm mit Worten!“*

Versuchen Sie, diesen Dreischritt auf das Fallbeispiel oben (Jan und die Elchmütze) anzuwenden!

Permanente Grenzsetzungen sind anstrengend, und daher sind klare Regeln, Rituale und Strukturen hilfreich (s. Kapitel 4), die Orientierung geben und den „interpersonalen Machtkampf“ vermeiden helfen. Herausfordernde Schülerinnen und Schüler sowie Klassen brauchen hier vielleicht mehr. Beispielsweise kann es notwendig sein,

- dass klar geregelt ist, wie die Klasse betreten wird (u. U. nur mit der Lehrkraft zusammen, mit festgelegter Reihenfolge).
- dass bei einem Wechsel von Gruppentischen zum Stuhlkreis eine Reihenfolge festgelegt wird, wie die Gruppen nacheinander in den Stuhlkreis hinein- und wieder herausgehen. Symbole (z. B. ein Symbol für den Kreis und Symbole für die verschiedenen Gruppen) können dies unterstützen.
- dass Schülerinnen und Schüler „mit kurzer Zündschnur“ sich selbst mit einer Gelben Karte melden und damit signalisieren, dass sie eine Auszeit brauchen.
- dass auch die Sitzordnung geändert werden muss: Solche Schülerinnen und Schüler sollten keinesfalls mit dem Rücken zur Lehrkraft sitzen, der Augenkontakt ist hier wichtig.
- dass man in solchen Klassen die Lernenden nicht die Gruppen selbst wählen lässt, sondern die Gruppen selbst zusammenstellt, sodass die Unruhigen möglichst neben Ruhigen sitzen.

Und oft sind die Probleme so gravierend, dass sie von einer einzelnen Lehrkraft nicht mehr bewältigt werden können. Hier ist Unterstützung durch eine zweite Person notwendig, z. B. Förderschullehrkräfte, Sozialpädagoginnen und -pädagogen oder Integrationshelfende (s. Kapitel 7).

5.9 Verhaltensänderungen anbahnen und unterstützen

Für Lernende und Lehrende wäre es sehr frustrierend, wenn sich die Probleme immer nur im Kreis drehten. Veränderungen werden möglich, wenn die herausfordernden Kinder Vertrauen zu der Lehrperson aufgebaut haben, die dann wünschenswerte Verhaltensänderungen anbahnen und unterstützen kann. Der erste Schritt ist, den Fokus bei herausfordernden Kindern und Jugendlichen, die es gewohnt sind, häufig kritisiert zu werden, auf deren Kompetenzen und Fortschritte zu legen. Das ist oft wie die Suche nach der Nadel im Heuhaufen, aber meiner Erfahrung nach können solche Schülerinnen und Schüler durch Übertragung einfacher Aufgaben zu einer anderen Rolle in der Klasse finden. Beispiele: Das „Amt des (Arbeitsblatt-)Austeilers" oder technischer Dienst in der Klasse. Manchmal helfen auch Vorschläge wie „Stille-Rekorde": Der Schüler bzw. die Schülerin erhält eine Uhr und notiert, wie lange er es schafft, nicht dazwischenzureden und zu stören. Diese „Rekorde" werden notiert und anerkannt. Je nach der individuellen Situation können Verhaltensziele mit den Betreffenden besprochen und eingeübt werden, natürlich nicht alle auf einmal und auf die jeweiligen Schülerinnen und Schüler zugeschnitten. Hier einige Beispiele (z. T. nach Kühn 2018, S. 60 f., 80):

B

Verhaltensziele

- Ich gehe respektvoll mit anderen um, auch mit den Lehrkräften, und verletze sie weder körperlich noch mit Worten.
- Ich akzeptiere die Meinungen anderer.
- Bei Streit und Konflikten bleibe ich friedlich und sage, was mich ärgert und was ich mir wünsche.
- Ich mische mich nicht in die Streitigkeiten anderer ein.
- Ich beachte die Arbeitslautstärke.
- Wenn ich etwas sagen will, melde ich mich.
- Ich nutze meine Lernzeit.
- Ich teile der Lehrkraft mit, ob ich meine Aufgaben lieber alleine, zu zweit oder in einer Gruppe mache.
- Ich bringe alle benötigten Arbeitsmaterialien mit und kontrolliere diese am Abend vor dem nächsten Schultag.
- Ich bemühe mich, die schulischen Materialien pfleglich zu behandeln und meinen Arbeitsplatz in Ordnung zu halten.
- Ich bemühe mich um Pünktlichkeit am Morgen und nach Pausen.
- ...

Empfehlenswert ist, eine Auswahl dieser Ziele zusammen mit den Betreffenden vorzunehmen, zu gewichten, jeweils ein Ziel pro Woche zu setzen und diese Wochenziele in einem kleinen Heft zusammenzustellen, zu dem sie in den Downloadmaterialien Nr. 13 eine Vorlage finden. Der / Die Lernende selbst und die Klassenlehrkraft oder eine andere Bezugsperson gibt an jedem Schultag eine Rückmeldung, und am Ende der Woche wird Bilanz gezogen. Drei „Smileys" im Durchschnitt heißt, dass das Minimalziel erreicht ist, und dafür gibt es eine Anerkennung. Und der Schüler und die Schülerin kann in diesem Heft auch selbst Wünsche an die Lehrkräfte formulieren.

Zum Thema Anerkennung sei angemerkt, dass viele Lehrkräfte auf Sticker o. Ä. „stehen", die es bei den üblichen Lehrmittelanbietern z. T. in ganzen Mappen gibt. Für schriftliche Anerkennungen gibt es auch zahlreiche Vorlagen. Ich persönlich bevorzuge allerdings die persönliche Rückmeldung und drücke meine Freude über gelungene Veränderungen am liebsten direkt aus!

B

Andere Möglichkeiten für Anerkennungen jenseits von Stickern und Smileys

- eine Spielzeit am Ende der Stunde oder des Tages
- eine Vorlesezeit
- „Klassen-Bonus-Punkte", die in einem Glas gesammelt werden und dann für eine Exkursion, einen Ausflug oder etwas anderes Schönes (gemeinsam frühstücken, Eis essen gehen am Nachmittag o. Ä.) eingetauscht werden können. Nach meiner Erfahrung können Klassen hierbei sehr kreativ werden, auch bei möglichen Prämien wie im Bahn-Bonus-Programm.

Abschließend sei noch angemerkt, dass wir uns, wie schon oben erwähnt, unserer begrenzten Einflussmöglichkeiten bewusst sein sollten. In vielen Klassen ist die Situation so herausfordernd, dass sie von einer Lehrkraft alleine nicht mehr bewältigt werden kann. Für etliche „herausgeforderte" Kinder und Jugendliche ist eine komplexe Situation mit 25 und mehr Mitlernenden zu schwierig, sie brauchen etwas anderes, z. B. Unterricht in einer Kleingruppe und intensive sozialpädagogische Betreuung, die auch die Situation im Elternhaus einbezieht. Hier ist die einzelne Lehrkraft auf systemische Lösungen angewiesen, auf die ich in Kapitel 7 eingehen werde.

Literatur

Eingangszitat aus einer Mitschrift beim Kongress „Empathie macht Schule" am 05.10.2022 in Berlin.

Baer, Udo / Koch, Claus (2020): Handbuch Pädagogische Beziehungskompetenz. Grundlagen für Eruieher und Erzieherinnen und Lehrer und Lehrerinnen. Mülheim: Verlag an der Ruhr.

Görgner, Michael (2015): Klasse Management. Oder wie man sich als Lehrer vor der Klasse behauptet. 2., korr. Aufl. Baltmannsweiler: Schneider Verlag Hohengehren.

Klaffke, Thomas (2022b): Unterrichtsstörungen – Prävention und Intervention. Möglichkeiten und Chancen einer ressourcenorientierten Pädagogik. 2. Aufl. Hannover: Klett-Kallmeyer.

Klaffke, Thomas (2023): Stressreaktionen Heranwachsender verstehen. Ein Interview mit dem Traumapsychologen Prof. Dr. Willi Butollo. In: Klasse leiten, Heft 23/2023, S. 16 ff.

Kopmann, Henrike / Zeinz, Horst (2015): Classroom Management bei Heranwachsenden mit herausforderndem Verhalten im inklusiven Unterricht. Wie begegnen Lehrkräfte Kindern mit ADHS. In: Jahrbuch für allgemeine Didaktik 2015. Schneider Verlag Hohengehren: Baltmannsweiler.

Kounin, Jacob S. (1976): Techniken der Klassenführung. Bern (Nachdruck Münster 2006: Waxmann).
Kühn, Arne (2018): Lehrer-Schüler-Beziehungen konstruktiv gestalten. Erfolgreicher Umgang mit Verhaltensauffälligkeiten. München: Ernst Reinhardt Verlag.
Menges, Robin (2023): Hören wir Resilienz und denken unverwundbar? Kinder in Krisen sinnvoll begleiten. In: Klasse leiten, Heft 23/2023, S. 8 ff.
Meyer, Barbara E./Tretter, Tobias/Englisch, Uta (2020): Praxisleitfaden auffällige Schüler und Schülerinnen. Basiswissen und Handlungsmöglichkeiten. 2. Aufl. Weinheim und Basel: Beltz.
Miller, Alice (1983): Das Drama des begabten Kindes und die Suche nach dem wahren Selbst. Frankfurt: suhrkamp taschenbuch.
Rohr, Elisabeth (2021): Das Verschwinden von Empathie in Zeiten gesellschaftlicher Radikalisierung. In: Gruppenpsychotherapie und Gruppendynamik, Heft 2/2021, S. 126 ff.

6 Unsere Klasse – ein sicherer Ort

„Was treibt uns an, wenn nicht die Suche nach einem Ort der sicheren Bindung in dieser Welt?!"
(Jeremy Rifkin)

Nach dem Ende des ersten Lockdowns anlässlich der Coronapandemie im Jahr 2020 freuten sich viele Schülerinnen und Schüler darauf, wieder in die Schule gehen zu können. Bei Umfragen stand das Wiedersehen mit den anderen aus der Klasse und aus der Schule an erster Stelle. Dies zeigt die Bedeutung der Schule für die Möglichkeiten der sozialen Eingebundenheit. Dies zeigen auch die wiederholten Befragungen der Initiative „Tag der Bildung“: Schule ist für die große Mehrheit (83 %) der befragten Schülerinnen und Schüler vor allem ein sozialer Ort, an dem sie Freundschaften gefunden haben. Dieser Aspekt rangiert noch vor Leistungsdruck und Stress.

Auf der anderen Seite kann man daraus schließen, wie schmerzhaft es sein muss, wenn man in der Klasse keine Freunde hat oder sogar ausgegrenzt und gemobbt wird.

> „Die sozialen Kontakte in der Schule sind für viele Kinder die einzigen, die sie zu Gleichaltrigen haben." (Walter-Klose 2021, S. 31)

Das besonders in der Pubertät oft praktizierte „In-and-out-Spiel“, d. h. wer dazugehört und wer nicht, kann für die Ausgegrenzten puren Stress bedeuten, und wer diesen Stress hat, hat keinen Kopf fürs Lernen. Ich habe von Kindern gehört, dass während der Pandemie Screenshots von ihnen gemacht und im Klassenchat rumgeschickt wurden: „Wie blöd sie aussieht!“ Daraufhin haben sie ihre Kamera ausgeschaltet und den Lehrkräften gegenüber behauptet, sie sei kaputt …

Die Klasse als sicheren Ort zu erleben ist für Kinder und Jugendliche essenziell. Für die Lehrkräfte ergibt sich daraus die Aufgabe, das soziale Miteinander im Auge zu haben und auf konstruktive und stärkende Beziehungen hinzuwirken. Dies kann zum einen dadurch erreicht werden, dass Lehrkräfte selbst ein gutes Beispiel für konstruktive Beziehungen geben, und zum anderen dadurch, dass sie sich um die Beziehungen der Lernenden untereinander kümmern. Diese werden geprägt durch das tägliche Miteinander, auch das Miteinander beim Lernen, können aber auch im sozialen Lernen zum Gegenstand des Unterrichts werden. Die Rolle der Lehrkraft und der Beziehungen zwischen Lehrenden und Lernenden wurde bereits in Kapitel 3 thematisiert. In diesem Kapitel soll es vor allem darum gehen, welche Möglichkeiten es für ein gutes soziales Miteinander in den Klassen gibt und welche Gestaltungsmöglichkeiten Lehrkräfte hierauf haben.

Neue Organisationsformen ersetzen Klassenverbände

An vielen Schulen werden neue Lernformen eingeführt und die traditionellen Klassenverbände aufgelöst. Lernlabors und Lernlandschaften ersetzen Klassenräume und sollen individualisiertes Lernen ermöglichen, teilweise in Jahrgängen, aber auch in Jahrgangsmischung. Auch wenn es hier keine „Klassengesellschaft" mehr gibt, werden die Schülerinnen und Schüler in Gruppen zusammengefasst, die von Lehrenden betreut werden, die häufig „Lernbegleiterin" bzw. „Lernbegleiter" genannt werden, die sich aber natürlich nicht nur um das Lernen kümmern sollten, sondern auch um die Persönlichkeitsentwicklung der Lernenden und das soziale Miteinander in den von ihnen betreuten Gruppen, Tutorien usw. Wenn im Folgenden von Klassen gesprochen wird, sind all diese neuen Organisationsformen mit gemeint.

6.1 Das Bedürfnis nach Zugehörigkeit

Lehrkräfte, die aus der Mittelschicht stammen und nur den Kreislauf Schule – Uni – Beruf durchlaufen haben, unterschätzen oft, wie schwierig es für Kinder aus sozial prekären Situationen und/oder bildungsbenachteiligten Familien sein kann, ihren Platz in der Schule und in der Klasse zu finden. Das gilt auch für etliche integrativ beschulte Schülerinnen und Schüler, für Kinder und Jugendliche mit Migrationshintergrund und für Kinder mit anderen Hautfarben. Lisa Graf beschreibt in ihrem bereits in Kapitel 2 erwähnten Buch „Abgehängt" (Graf 2022), wie fremd sie sich wegen ihrer familiären Situation in Gymnasium und Universität gefühlt hat.

Dieses Fremdheitsgefühl hat bei mir selbst dazu geführt, dass ich mich lange Zeit in Gruppen immer als Außenseiter gefühlt habe. Während ich mich in der Dorfschule wie ein Fisch im Wasser gefühlt hatte, obwohl meine Eltern katholische Flüchtlinge in einem protestantischen Umfeld waren und ich nur mit Mühe Plattdeutsch lernte, kam ich mir in dem Knabenkonvikt und dem altsprachlichen Gymnasium der Landeshauptstadt, wohin ich durch die Initiative des katholischen Pfarrers unserer Gemeinde gekommen war, immer fremd vor. Als mich der Klassenlehrer zu Beginn des Schuljahres nach dem Beruf meines Vaters fragte, der damals noch ins Klassenbuch eingetragen wurde, und ich „Bauer" antwortete, schaute er irritiert auf: „Bauer, hier in Hannover?" Nachdem ich ihm vom Grund meines Ortswechsels berichtet hatte, sagte er: „Nun gut, dann tragen wir mal Landwirt ein." Obwohl ich oft Klassenbester war, erhielt ich nie den Buchpreis für gute Leistungen am Schuljahresende. Auf der Bühne standen andere: Adlige, Angehörige der Oberschicht mit klingenden Namen oder Kinder von reichen Eltern. Nach vier Jahren wurde das Konvikt aufgelöst und ich kam zurück nach Hause. Im Gymnasium der ländlichen Kleinstadt war ich unter ca. 800 Schülerinnen und Schülern der einzige Bauernsohn und im Dorf der einzige Gymnasiast. Meine Mutter, die aus einer wohlhabenden schlesischen Familie stammte und sich gerne nach der neuesten Mode kleidete, trug bei der Anmeldung einen breitkrempigen Hut. Als sie nach der entsprechenden Frage als Beruf ihres Mannes Landwirt angab, entgegnete der Gymnasialdirektor: „Dann haben Sie sicher ein großes Gut!" Worauf meine Mutter antwortete: „Nein, wir sind Kleinbauern!" Vielleicht sind solche Erfahrungen der Grund dafür, dass mich (Bildungs-)Ungerechtigkeiten empören und dass ich mich als Lehrer oft für die eingesetzt habe, die es nicht so leicht haben.

Soziale Eingebundenheit gehört nach der oft zitierten Definition der amerikanischen Psychologen Deci und Ryan neben Autonomie und der Erfahrung von Selbstwirksamkeit zu den drei bereits in Kapitel 4 erwähnten Grundbedürfnissen Heranwachsender (Deci / Ryan 1993). Wenn Schule nur noch aus Wissenserwerb und Wissenswiedergabe besteht, so wie es die Leipziger Schülerinnen und Schüler (s. Kapitel 1) schildern, dann geht sie über diese Grundbedürfnisse hinweg, und das ist in einer Situation psychischer und existenzieller Belastungen besonders bedenklich und wird hoffentlich den Widerstand gegen das überholte und menschenfeindliche Konzept des Bulimie-Lernens verstärken. Gerade nach den Schulschließungen während der Coronapandemie war und ist es wichtig, dass sich die Kinder und Jugendlichen in ihrer Klasse wieder wohlfühlen konnten und können, und wenn das Bemühen um ein gutes Klassenklima in den vergangenen Monaten vernachlässigt wurde, liegt es in der Verantwortung der Schulleitungen und Lehrkräfte, sich darum und vor allem um die „Sorgenkinder" zu kümmern.

Hier bekommen die Phasenmodelle der Gruppenentwicklung nach Bernstein und Lowy eine neue Bedeutung, denn das „norming" und „forming", das man bisher nur in neuen Klassen für notwendig hielt (vgl. Klaffke 2022a, S. 165 ff.), ist auch in den aus dem Lockdown zurückgekehrten Klassen notwendig.

Modelle der Gruppenentwicklung

Es gibt neben dem Modell von Bernstein/Lowy noch andere Modelle der Gruppenentwicklung, z. B. das von Stanford, wonach Klassen und Gruppen in ihrer Entwicklung verschiedene Phasen durchlaufen, die sich wie folgt zusammenfassen lassen (ebd., vgl. auch Friedrichs/Schubert 2013, S. 85 ff.):

- Orientierungsphase („Forming")
- Einführung von Normen wie z. B. Regeln, Leitsätzen, Ritualen („Norming")
- Gärungs- und Klärungsphase, Umgang mit Konflikten („Storming")
- Produktive Phase („Performing")
- Verabschiedungsphase („Adjourning").

Nach meiner Erfahrung folgen diese Phasen nicht schematisch aufeinander, denn es gibt Klassen, in denen sofort die Konflikte ausbrechen, und man muss umgehend mit der Einführung von Normen beginnen. In anderen Klassen können auch in produktiven Phasen wie aus heiterem Himmel heftige Konflikte ausbrechen.

Wie schon erwähnt, waren manche Klassen nach der Coronapandemie außer Rand und Band, in zwei Gruppen geteilt oder geprägt von einem Nebeneinander von destruktiver Aggressivität und Zurückgezogenheit. Daher können auch in bestehenden Klassen Spiele und Übungen positiv wirken, die normalerweise in der Orientierungsphase eingesetzt werden.

B

Übung: „Oh wie gut, dass keiner weiß ..."

Diese Übung ist eine Abwandlung des bekannten „Speeddatings". Hier werden ein Innen- und ein Außenkreis gebildet, und die Gegenüberstehenden haben eine festgelegte Zeit, einander von persönlichen Vorlieben zu berichten, die in der Klasse noch unbekannt oder wenig bekannt sind. Nach Ablauf der Zeit klatscht die Lehrkraft in die Hände und der Außenkreis rückt im Uhrzeigersinn eins weiter. Gibt es eine ungerade Zahl von Teilnehmenden, macht die Lehrerin bzw. der Lehrer selbst mit.

Diese Übung lässt sich für viele andere Themen verwenden – Beispiele: mein schönstes Ferienerlebnis, mein Haustier, mein Lieblingsspiel (Gesellschaftsspiel und Computerspiele usw.).

Auch wenn Klassen schon länger bestehen, ist ein „Zurück" zur „Norming-Phase" oft unvermeidbar, weil die Regeln neu verhandelt werden müssen und geklärt werden muss, welche Rituale und Routinen notwendig und sinnvoll sind. Hier kommt alles zur Geltung, was im Kapitel 4.4/4.5 dargelegt wurde.

In *neu gebildeten Klassen* sollte ohnehin der Schwerpunkt auf Ankommen, Kennenlernen und Gemeinschaftsbildung gelegt werden. In den meisten Schulen gibt es für die ersten Tage und Wochen Konzepte: Schulrallye, Projekte zur Klassenraumgestaltung und für ein konstruktives Miteinander, manchmal sogar ein Landschulheimaufenthalt. Hier ist es wichtig, dass die Klassenleitungen und Teams genügend Zeit eingeräumt bekommen. Für die

Orientierungsphase gibt es in der Literatur zahlreiche Anregungen (z. B. Thomas / Grewe / Connemann 2018, S. 52 ff.; Klaffke 2022a, S. 163 ff.; Klaffke / Wübbels 2023, S. 4 ff.). Lesenden, die sich auf die Schnelle zu diesem Thema orientieren möchten, seien wenigstens einige Hinweise genannt:

Einige Spiele und Übungen für die Orientierungsphase

Neben der oben beschriebenen Variante des „Speeddatings" kann auch die Übung *„welcome diversity"* in verschiedenen Varianten zum Kennenlernen beitragen – Beispiel: Schulweg. „Wie kommt ihr meistens zu Schule?" Die Schüler stellen sich in verschiedenen Ecken des Raumes auf: zu Fuß / mit dem Fahrrad / mit Bus, Bahn oder StraBa / von Eltern o. a. mit dem Auto gebracht. (Hier kann man kleine Geschichten aus anderen Ländern einflechten, wie z. B. aus den Schären vor Stockholm, wo viele mit dem Boot gebracht werden.)

Andere Varianten: Wer hat welches Haustier (Hund, Katze, Fische, Hasen / Kaninchen oder sonstige Kleintiere, andere)? Wie viele Geschwister habt ihr? Weitere Anregungen:

Zum *Namenlernen* gibt es unzählige Spiele. Eine ganz einfache Möglichkeit (nach Klaffke 2022a, S. 164) im Stuhlkreis: Der oder die Erste nennt seinen / ihren Namen: „Ich bin der Emil." Dann im Uhrzeigersinn weiter: „Das ist der Emil und ich bin die Valentina." Setzen Sie sich ans Ende des Kreises und schauen Sie mal, wie weit sie kommen …

- *Alphabetischer Namenskreis:* Die Klasse stellt sich im Kreis nach den Vornamen im Alphabet auf.
- *Zum Kennenlernen:* Ein Kreis mit Monatsschildern, die Kinder stellen sich zu dem Schild des Monats, in dem sie Geburtstag haben, und bilden auch hier wieder eine Reihenfolge nach dem Datum.
- Anspruchsvoller ist die *Aufstellung nach den Wohnorten bzw. der Wohnung*. Man kann die Herkunftsorte oder wichtigsten Wohnstraßen mit Schildern auf dem Boden markieren. Lustiger ist es, dass sich die Kinder selbst zurechtfinden, wobei man die Himmelsrichtungen und vielleicht ein paar Orientierungspunkte nennen sollte.
- *Selbstporträts:* Die Kinder erstellen Plakate mit einem Foto in der Mitte und Feldern zu Familie, Hobbys, Haustieren, Lieblingsbüchern / -filmen / -musik sowie Fragen wie „Was mir wichtig ist!" „Was ich gerne mache!". Diese Plakate werden reihum vorgestellt. In Klassen mit guter digitaler Ausstattung können auch kurze Videoclips mit Selbstvorstellungen gezeigt werden.

Zugehörigkeit zu finden ist in einigen Situationen bzw. für manche eine große Herausforderung, vor allem für Neue in der Klasse, für Außenseiterinnen und Außenseiter oder für Lernende, die nach langer Abwesenheit (Krankheit, Klinikaufenthalt, Absentismus …) wieder in die Klasse zurückkommen. Hierzu einige Hinweise:

- Besonders durch den Zuzug Geflüchteter kamen und kommen immer wieder *neue Kinder und Jugendliche* in die Klassen hinein. Sie zu integrieren ist für Lehrkräfte oft eine große Herausforderung. Sie können sich aber etwas entlasten, wenn sie diese Aufgabe an Schülerinnen und Schüler delegieren, die als Nebeneffekt hier Verantwortung übernehmen. So hat die hessische Vertretung der Landesschüler:innen ein Konzept zur Integration ukrainischer Schutzsuchender erarbeitet, nach dem z. B. Tandems gebildet wurden, die gleiche oder ähnliche Interessen hatten und die sich dann auch im Freizeitbereich trafen. Patenschaften innerhalb einer Klasse oder von Älteren für Jüngere wurden eingerichtet – ein Modell, das sich generell für neu ankommende Kinder und Jugendliche eignet. Hier ist es meiner Erfahrung nach auch empfehlenswert, vor dem Eintritt in die Klasse mit dem / der Neuen Kontakt aufzunehmen, sei es persönlich oder telefonisch. Die Klasse kann man vorbereiten, indem man über die Neuen informiert und die Frage erörtert, was einem helfen könnte, wenn man neu in eine Klasse kommt und wer zur Unterstützung bereit wäre, z. B. bei einer Führung durch die Schule (vgl. Friedrichs 2022).
- *Rückkehr von lange abwesenden Schülerinnen und Schülern*: Auch hier sollte vorher Kontakt aufgenommen und bei einem Aufenthalt in einer Klinik möglichst ein Übergabegespräch geführt werden. Fragen könnte man z. B. danach: „Was brauchst du, um wieder gut in die Klasse hineinzukommen? Welche Unterstützung hättest du gerne von meiner Seite? Wäre es hilfreich für dich, wenn eine:r aus der Klasse dich für die erste Zeit unterstützen würde?“ Auch eine Vorbereitung der Klasse ist sinnvoll, hier sollte man allerdings sehr behutsam vorgehen, damit die Rückkehrenden nicht in eine Position der Schwäche gerückt werden.
- *Außenseiterinnen / Außenseiter:* Hier ist zu unterscheiden zwischen solchen, die sich bewusst abgrenzen und für sich bleiben wollen (Einzelgänger, Individualisten), den Zurückgezogenen (eine nach Corona größer gewordene Gruppe, auf die bereits in Kapitel 2 eingegangen wurde) und denen, die ausgegrenzt werden (vgl. Thomas / Grewe / Connemann 2018, S. 235). Studien haben gezeigt, dass diese „Außenseiterposition“ in neu gebildeten Klassen schon nach wenigen Wochen entsteht. Ursachen sind die Gruppenentwicklungsprozesse, das Klassenklima, die Unterrichtsorganisation und das Rückmeldeverhalten der Lehrkräfte (vgl. Thomas / Grewe 2022, S. 33). Dieses lässt sich am ehesten verändern. Dazu sollte man sich in einem ersten Schritt die positiven Eigenschaften und Kompetenzen der Außenseiterin / des Außenseiters bewusst machen und auch nach Erklärungen für eventuell schwierig wirkende Verhaltensweisen suchen. Im zweiten Schritt kann man Aufgaben oder Klassenämter übertragen, bei denen der / die Betreffende mehr Selbstwirksamkeit und Anerkennung er-

fahren kann. Durch Änderung der Sitzordnung und Kooperation im Unterricht mit ruhigen und sozial kompetenten Mitlernenden kann die Integration in die Klasse unterstützt werden (ebd., S. 35).

Übung „Mein stiller Freund / meine stille Freundin"

Zur gegenseitigen Unterstützung ist auch die Übung „Mein stiller Freund/meine stille Freundin" gut geeignet: Alle Schülerinnen und Schüler schreiben ihre Namen auf einen Zettel, die in einem Glas oder einen Karton geworfen und vermischt werden. Jede:r zieht ein Los, und ist für eine definierte Zeit stille Freundin oder stiller Freund einer/eines anderen und steht ihr /ihm zur Seite: mit freundlichem Lächeln, aufmunternden Worten oder Hilfeleistungen. Es dürfen aber keine Geldzuwendungen gegeben werden und das Geheimnis darf auf keinen Fall vor Ablauf der Zeit gelüftet werden. Wenn die Zeit abgelaufen ist, gibt man sich zu erkennen und in der Klasse wird von den Erfahrungen berichtet (nach Klasse leiten, Heft 6/2019, Toolbox M7).

Empathie für Außenseiterinnen und Außenseiter sowie Benachteiligte sollte aber nicht dazu führen, dass man die anderen in der Klasse vernachlässigt. Mir sagte mal eine Schülerin sinngemäß: „Bei ihnen wird man nur beachtet, wenn man behindert, schwarz oder arm ist!" Das gab mir zu denken und ich merkte, dass auch ich bei den Schülerinnen und Schülern, die mir am sympathischsten waren, peinlich darauf bedacht war, sie nicht zu bevorzugen – und dies in einem Ausmaß, dass ich sie fast zurückgesetzt hatte. Auch hier kann man Einseitigkeiten und Ungerechtigkeiten am ehesten dann bemerken, wenn man sich regelmäßig Feedback geben lässt.

6.2 Auf ein gutes Klassenklima hinwirken

Wenn man mit ehemaligen Schülerinnen und Schülern spricht und sie nach Erinnerungen aus der Schulzeit fragt, wird meiner Erfahrung nach deutlich, dass Lerninhalte und Leistungen zwar wichtig sind, dass aber das Klassenklima eine große Rolle spielt. „Wir haben kaum noch Kontakt. Unsere Klassengemeinschaft war halt schlecht!" Oder umgekehrt: „Wir hatten einen super Zusammenhalt in der Klasse. Hier habe ich Freunde gefunden, die auch jetzt noch für mich ganz wichtig sind!", bekam ich bei einem Ehemaligentreffen zum 40-jährigen Jubiläum des Realschulabschlusses zur Antwort. Ein gutes Klassenklima entsteht nicht von selbst:

> „Ein gutes Klassenklima ist das Ergebnis der Bemühungen aller Beteiligten, der Lehrkräfte, der Schüler:innen, der Schulleitung sowie der Eltern. Gerade den Lehrer:innen

> wird bei der Gestaltung der Lernumgebung eine besondere Verantwortung zuteil. Sie müssen sensibel für das soziale Geschehen sein, soziale Spannungen und Dynamiken erkennen und die beziehungsgestaltenden Wirkungen schulischer Organisations- und Handlungsformen reflektieren." (Walter-Klose 2021, S. 10)

Für das Klassenklima sind zunächst die Lehrkräfte sehr wichtig: ihr Beispiel, ihr Vorbild, ihr Verhalten prägt das Betriebsklima. Kein Mensch kann immer gute Laune haben, aber „Don't smile before Christmas" kann es auch nicht sein. (Auf der Innenseite der Tür eines Lehrkräftezimmers fand ich folgenden „lustigen" Spruch: „Beginne den Tag mit einem Lächeln, dann hast du es hinter dir!"). Humorvolle Lehrkräfte können für das Klassenklima sehr entspannend wirken (vgl. Gaudo / Kaiser 2020). Interaktionsübungen wie in Abschnitt 1 und die in Kapitel 4 („stärkende Rituale") beschriebenen Übungen können sich ebenso positiv auf das Klassenklima auswirken wie Partizipation (s. Kapitel 4) und Programme zum sozialen Lernen (s. Kapitel 6.4). Ebenso wichtig sind außerunterrichtliche Unternehmungen, Ausflüge und Klassenfahrten, die während und z. T. noch nach der Coronapandemie entfallen sind, was die Gemeinschaftsbildung in den Klassen erschwert hat und die jetzt umso wichtiger sind, vor allem dann, wenn durch erlebnispädagogische Elemente das Miteinander gestärkt wird. Grundsätzlich ist wichtig, dass sich Klassenleitungen und Teams mit dem Klassenklima und den Möglichkeiten zu dessen Verbesserung immer wieder einmal befassen.

Für Lehrkräfte ist wichtig, sich ein Bild von der Situation „ihrer" Klassen zu machen. Früher wurden hierzu Soziogramme eingesetzt, bei denen man sich mit den Fragen „Neben wem möchtest du gerne sitzen? Neben wem möchtest du auf keinen Fall sitzen?" ein Bild von dem Beziehungsgeflecht der Klasse machen konnte. Inzwischen gibt es Instrumente, mit denen man sich ein differenzierteres Bild der Klasse verschaffen kann. Hierzu werden vor allem Fragebogen eingesetzt, sehr oft der in Kapitel 4 erwähnte „Linzer Diagnosebogen" (http://ldk.aau.at), aber auch in der Fachliteratur findet man viele Beispiele (vgl. Thomas / Grewe / Connemann 2018, S. 80 ff., S. 256 ff.), aus denen ich folgende *Merkmale eines guten Klassenklimas* zusammengestellt habe:

- Alle in der Klasse werden beachtet und anerkannt.
- Die Klasse hilft sich untereinander bei Problemen.
- Die Klasse hält zusammen.
- Alle in der Klasse werden z. B. bei Partner- und Gruppenarbeiten sowie bei Spielen in die Gemeinschaft aufgenommen.
- Konflikte werden friedlich ausgetragen, auch in Pausen.
- Die Schülerinnen und Schüler hören sich einander zu und lassen sich ausreden.
- Jede und jeder kann seine Meinung offen vertreten.

- Die Schülerinnen und Schüler unterstützen sich gegenseitig beim Lernen.
- Der Unterricht verläuft meistens ohne große Störungen.
- Im Unterricht und in Lernzeiten ist der Geräuschpegel meistens angemessen.
- Die Regeln werden meistens eingehalten.
- Die Lehrkraft ist meistens freundlich und versteht Spaß.
- Die Lehrkraft unterstützt bei Schwierigkeiten.
- Die Lehrkraft ist gerecht.

Im Downloadmaterial 14 finden Sie einen entsprechenden Fragebogen, den Sie zur Diagnose des Klassenklimas einsetzen können.

Eine Alternative wäre, dass die Schülerinnen und Schüler einen eigenen Fragebogen entwickeln (vgl. Thomas / Grewe / Connemann 2018, S. 80 ff.), was besonders in den Orientierungs- und Normierungsphasen sinnvoll ist. Dies ist zwar aufwendiger, kann jedoch den Effekt haben, dass sich die Klasse selbst mitverantwortlich für das Klassenklima fühlt und Kriterien nennt, die Erwachsene nicht so sehr im Auge haben. Ausgangsfragen können sein:

- Was sind für dich Merkmale eines guten Klassenklimas?
- Was ist für dich wichtig, damit du dich in der Klasse wohlfühlst?

Zur Erarbeitung des Bogens kann man mit der Methode „Think – Pair – Share“ vorgehen:

- Zunächst schreiben alle die Antworten alleine auf („Think“).
- Nach einer festgelegten Zeit werden die Antworten mit denen einer Mitschülerin oder eines Mitschülers verglichen. Das Tandem einigt sich auf 2–3 Antworten („Pair“).
- Zwei Tandems bilden eine Gruppe, die vier Antworten / Merkmale auf Moderationskarten schreiben, die dann ausgehängt und vorgestellt werden („Share“).

Die Ergebnisse werden geordnet und diskutiert, ggf. verändert und ergänzt. Daraus wird der Fragebogen entwickelt.

B

Merkmale eines guten Klassenklimas aus der Sicht von Schülerinnen und Schülern

Ein Beispiel: Schülerinnen und Schüler zweier 6. Klassen einer Gemeinschaftsschule in Baden-Württemberg nannten folgende Kriterien eines guten Klassenklimas:

Für mich ist wichtig, dass:

- man respektiert und akzeptiert wird;
- man nicht beleidigt und gemobbt wird;
- man nicht ausgelacht wird, wenn man gute Infos einbringt und zu helfen versucht;

- es keine Prügeleien und Gewalt gibt;
- es eine gute Klassengemeinschaft gibt;
- die Klasse zusammenhält, keinen verrät oder zum Schuldigen macht;
- man Freunde in der Klasse findet;
- nicht gelogen wird;
- keiner auf „dicke Hose“ macht oder zu bestimmen versucht, was andere machen sollen;
- es nicht viele Störungen und ein ruhiges Umfeld gibt;
- man als Mädchen gut mit Jungen arbeiten kann und Jungen mit Mädchen zusammenarbeiten;
- die Lehrkräfte hilfsbereit und nett sind;
- die Lehrkräfte gerecht sind.

Auswertung der Fragebögen

Die Ergebnisse werden im Kreis vorgestellt und diskutiert, vor allem, in welchen Bereichen Veränderungen wünschenswert sind. Hieraus kann man eine neue Regel entwickeln, z. B. „Wir hören einander zu und lassen uns ausreden“, oder es wird ein „Abkommen“ für eine bestimmte Zeit getroffen mit einer Vereinbarung, was bei dessen Einhaltung geschieht – Beispiel: „Wir tragen unsere Konflikte in den Pausen friedlich aus!“ Wird dies eingehalten, erhält die Klasse als Anerkennung dreimal wöchentlich eine zusätzliche Spielpause oder ein gemeinsames Frühstück nach einer großen Pause.

Diese Methode eignet sich auch zur Erarbeitung von Klassenregeln (s. Kapitel 4.4). Und schließlich sei angemerkt, dass es trotz aller Bemühungen nicht immer zu einem konstruktiven Klassenklima kommen kann: Die Klasse zerfällt in Cliquen, die sich gegenseitig bekämpfen, einzelne Schülerinnen und Schüler sind so herausfordernd, dass dies alles andere überlagert, und manchmal wirken sich auch Feindschaften zwischen Eltern und Großfamilien auf die Situation der Klasse aus. Man kann versuchen, diese „Großkonflikte“ zu klären (s. Kapitel 6.5), aber auch das hilft nicht immer. Dann kommt man alleine, zu zweit oder im Kleinteam nicht weiter, hier braucht es vielleicht eine systemische Lösung, z. B. Auflösung und Neubildung von Klassen, zusätzliches Personal, Einbeziehung außerschulischer Partnerorganisationen usw. (s. Kapitel 7).

6.3 Soziales Klassenmanagement

Das Klassenklima kann auch durch den Unterrichtsalltag positiv beeinflusst werden, wenn Lehrkräfte hier die Beziehungen und das Sozialgefüge im Auge haben und es z. B. durch geeignete Sozialformen des Unterrichts und durch die Sitzordnung konstruktiv zu prägen versuchen. Thomas / Grewe / Connemann plädieren für ein soziales Klassenmanagement, das Lernförderung und Gestaltung des sozialen Miteinanders verbindet.

> „Schülerinnen und Schüler erleben den Unterricht ganzheitlich. Die Auseinandersetzung mit den vorgegebenen Lerninhalten ist für sie zugleich Teil einer sozialen Situation. Der Gruppenprozess in der Klasse, Freundschaften und Feindschaften, aktuelle Signale von Sympathie und Antipathie von Seiten der Lehrkraft oder den Mitschülern behindern oder bestärken ihre Fähigkeit, sich auf eine aktuelle Aufgabenstellung zu konzentrieren. Umgekehrt kann eine gewählte Lernmethode [...] ihre soziale Stellung in der Klasse und damit die Lernmotivation beeinflussen."
>
> (Thomas / Grewe / Connemann 2018, S. 27)

Wenn die Klasse in Reihen sitzt und der Unterricht im Wesentlichen aus Vorträgen der Lehrkräfte besteht, wird die soziale Interaktion vorwiegend in Pausen oder „undercover" stattfinden: mit Zettelchen oder WhatsApp-Mitteilungen, mit Mimik und Gestik der Zuneigung oder Ablehnung. Andere Sozialformen des Unterrichts wie Partner- und Gruppenarbeit, kooperatives Lernen oder peer-learning (s. Kapitel 4.6) können sich dagegen positiv auf das Klassenklima auswirken. Die auch an innovativen Schulen weit verbreitete Still- und Wochenplanarbeit in „Lernbüros" oder „Lernateliers", in denen die Schülerinnen und Schüler teilweise einen abgeschirmten Einzelarbeitsplatz zur Verfügung haben, hat sicher ihren Sinn. Sie kann zum Kompetenzerleben beitragen und ist für die ruhigeren und lärmempfindlichen Schülerinnen und Schüler eine Wohltat (wenn die Lautstärke nicht zu hoch ist), ich finde es jedoch gerade nach den Schulschließungen, die zur Isolierung der Kinder und Jugendlichen geführt hat, sehr problematisch, wenn ein großer Teil des Vormittags aus einer solchen Einzelarbeit besteht. Bei Hospitationen erlebe ich immer wieder, dass die Schülerinnen auch bei der Wochenplanarbeit oder beim Üben gerne mit anderen kooperieren und – falls vorhanden – auf Gruppenräume oder auf den Flur ausweichen wollen. Hier ist das Zonierungssystem (s. Kapitel 4) von Vorteil, bei dem festgelegt ist, wer auch außerhalb des Klassenraums oder Lernateliers arbeiten darf.

Weitere Möglichkeiten zur Gemeinschaftsbildung sind regelmäßige Stuhlkreise, kooperatives Lernen und Projekte, bei denen von vorneherein in Gruppen gearbeitet wird.

6.3.1 Sitzordnungen und Gruppenbildung

In den meisten Schulen gibt es zusätzliche Räumlichkeiten für Gruppenarbeit außerhalb des Klassenraums nicht. Wenn es die Klassengröße erlaubt, kann man *Sitzordnungen* in Hufeisen- oder Fischgrätenform (s. Abbildung) bilden.

Diese haben den Vorteil, dass man flexibler auf Partner- und Gruppenarbeit oder einen Stuhlkreis umstellen kann. Gruppentische als Dauerlösung sind bei vielen Lehrkräften unbeliebt, da sie keinen Blickkontakt zu allen ermöglichen und bei Inputphasen auch nicht die Ausrichtung auf den/die Vortragende:n (dies können ja auch Schülerinnen und Schüler sein) ermöglichen. Mit einem entsprechenden pädagogischen Konzept (z. B. dem Team-Kleingruppenmodell) können sie aber durchaus ihren Sinn haben.

Das Fischgrätenmuster bietet den Vorteil, dass es sich für fast alle Sozialformen gut eignet, besonders für das kooperative Lernen. „Think“ oder Stillarbeit alleine, „Pair“ oder Partnerarbeit mit dem/der Sitznachbar:in,

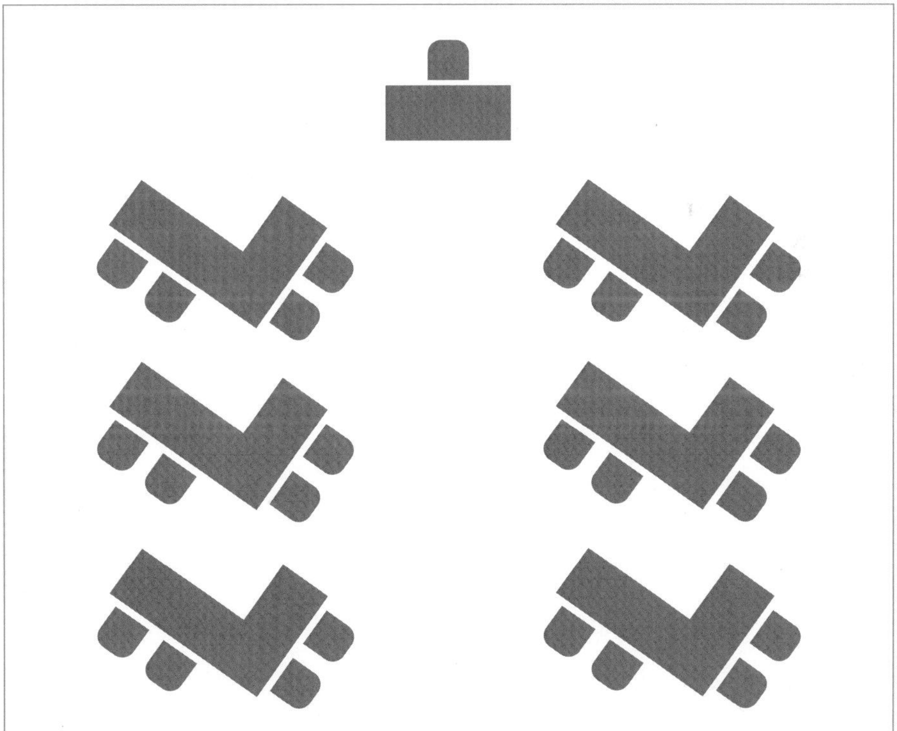

Abb. 4: Sitzordnung in Fischgrätenform

„Share“ oder Gruppenarbeit im Quartett. Hierzu muss man nur die Tische um 45 Grad verstellen, und jede:r bekommt abwechselnd eine der folgenden Rollen: Zeitwache, Regelwache, Moderation, Protokoll. Präsentiert wird von allen, damit das berüchtigte TEAM-Prinzip („Toll, ein anderer machts!“) ausgehebelt wird.

Viele Klassenräume sind so vollgestopft, dass solche Sitzordnungen nicht möglich sind. Ob man will oder nicht, muss man die Lernenden in Sitzreihen quetschen. Einzel- und Partnerarbeit sind hier einigermaßen möglich, Stuhlkreise gar nicht und für Gruppenarbeit müssen zwei ihre Stühle umdrehen und sich mit den hinter ihnen Sitzenden mit einer viel zu kleinen Tischfläche behelfen. In manchen Räumen und Klassen sind auch Einzeltische oder Tischblöcke (z. T. mit Reihen kombiniert) oder andere Mischformen möglich und sinnvoll.

Was die *Gruppenbildung* angeht, gibt es Anhänger der Zufallsbildung (z. B. mit Abzählen oder Lossystem), der von Lehrkräften gesteuerten Gruppenzusammensetzung oder der Freundschaftsgruppen. Letztere sind gerade nach den Schulschließungen bei den Lernenden beliebt, da sie oft emotionale Sicherheit und Freundschaftspflege ermöglichen – sie sind aber nicht immer produktiv. Entweder versammeln sich hier die extrovertierten Lautstarken oder die eher Zurückgezogenen, meistens bleiben die Außenseiter übrig, die man nur mit gutem Zureden einer Gruppe zuordnen kann. Auch dass die inklusiv beschulten Kinder hierbei eine Gruppe finden, ist keineswegs selbstverständlich. Und in den unteren Klassenstufen der Sekundarstufe bleiben Jungen und Mädchen meistens für sich.

Daher setzen viele Lehrkräfte die Gruppen lieber selbst zusammen: Mädchen und Jungen, Leistungsstarke und solche, die eher Förderbedarf haben, Redselige bzw. Laute mit Stillen. Für die Schülerinnen und Schüler bietet dies Kontakte und soziale Erfahrungen, die sie sonst eher nicht machen würden, zumal die Gruppen nach einer bestimmten Zeit neu gebildet werden.

Ein Kompromiss stellt das oben beschriebene Think-Pair-Share-Modell dar. Hier hat jede:r die Möglichkeit, sich eine:n Sitznachbar:in auszuwählen, aber das zweite Tandem des Teams wird von der Lehrkraft gesetzt.

Eine Unterrichtsform, die eine intensive Kooperation ermöglicht und erfordert, ist die Projektarbeit.

6.3.2 Projektarbeit und Kooperation

Projektarbeit wird meiner Beobachtung nach oft nicht gemacht oder auf eine Woche am Ende des Schuljahres abgeschoben („Wo eh nichts mehr läuft!“) und dann eher mit Hobby- und Freizeitthemen, was ja auch nicht schlecht ist, aber die Möglichkeiten der Projektarbeit bei Weitem nicht ausschöpft:

eine intensive Erfahrung der Kooperation, Kompetenzzuwachs im Bereich Planung, Eigeninitiative, Problemlösen, Verbindung von Theorie und Praxis, Präsentation und Reflexion. Hier sind die Phasen der Projektarbeit schon genannt, auf die ich weiter unten noch in Kürze eingehen möchte.

Bei Projekten ist zu unterscheiden zwischen solchen, die von den Lehrkräften vorgeschlagen bzw. gesetzt werden und solchen, die Schülerinnen und Schüler selbst initiieren. Solche Initiativen kommen vor allem in Schulen zustande, die Freies Lernen (Freiarbeit, selbstgesteuertes Lernen) im Stundenplan verankern und hier den Lernenden ermöglichen, eigene Vorhaben auf den Weg zu bringen, bei denen die intrinsische Motivation sehr hoch sein kann.

Ein von Lernenden initiiertes Projekt

Ein Langzeitprojekt lernte ich an einer freien Montessorischule kennen: Schülerinnen hatten die Idee, auf dem Schulgelände ein Haus zu bauen. Lehrkräfte und der (private) Schulträger befürworteten die Idee, sagten Geld für Material zu, forderten die Kinder (es waren vorwiegend 8- bis 14-jährige) dazu auf, sich auch selbst um Sponsoring zu bemühen. Dafür mussten Pläne gezeichnet und Schreiben entworfen werden, was für einige bisher nicht so sehr an Mathematik und / oder Deutsch interessierten Kinder eine Herausforderung darstellte. Bei der Umsetzung hatten sie das Glück, dass es an der Schule einen handwerklich ausgebildeten Lernbegleiter gab – und sie wuchsen über sich hinaus: Die Fundamente hoben sie im Dauerregen aus, und wer zu lange Frühstückspause machte, wurde von den Mitschülerinnen und Mitschülern zum Weiterarbeiten angehalten. Der zweite Glücksfall war ein Projektwettbewerb einer regionalen Baumarktkette, bei dem die Lernenden ein erkleckliches Preisgeld gewannen. Das Fachwerk wurde fertig, das Dach gedeckt, und dann wurden die Gefache mit Lehm gefüllt. Bei Schulveranstaltungen wurde das Projekt präsentiert, Führungen und Vorträge zur Bauweise wurden angeboten. Und es war (und ist) eine Bereicherung des Schulhofes und ein anregendes Spielangebot.

Wenn es Freies Lernen nicht gibt, sind (Fach-)Projektwochen ein- oder zweimal pro Schuljahr (oder sogar pro Schulhalbjahr) ein Kompromiss. Hier ist die Vorgabe, dass die Schülerinnen und Schüler ein Projekt aus den Themen der Unterrichtsfächer konzipieren. Hierzu können Ideen schon im Unterricht gesammelt werden, was immer dann sehr produktiv werden kann, wenn Schülerinnen und Schüler Interesse an Teilaspekten haben, die im Unterricht aus Zeitgründen nicht weiter verfolgt oder vertieft werden können – Beispiel:

- Mumien im alten Ägypten (Geschichte);
- selbst gedrehte Filmszenen zu einer Unterrichtslektüre (Deutsch);
- Erarbeiten eines analogen oder digitalen Reiseführers („Let me be your guide“) für eine Londonfahrt (Englisch, Geografie);

- Vulkanismus (Geografie);
- Anlage einer Kräuterschnecke, eines Teiches, eines Schulgartens (Biologie, Arbeitslehre);
- alle Themen rund um den Klimawandel (Politik, Biologie, Physik, Geografie).

Zur Projektmethode liegen viele Veröffentlichungen vor (z. B. Traub 2022), daher hier nur einige Hinweise:

- Auf die Gruppenbildung wurde oben schon eingegangen. Bei Projekten versuchen manche Schülerinnen und Schüler, erst die Gruppe zu bilden und dann das Thema zu wählen – nach dem Motto: Gruppe zuerst – Thema folgt, was dann nicht immer gelingt, denn hier versammeln sich z. T. Gleichgesinnte und Gleichgestimmte, denen es vor allem darum geht, dass ihre „Spezis“ in der Gruppe sind. Beim Projektunterricht ist aber das Thema vorrangig. Wer eine Projektidee hat, hängt ein Blatt an einer Stellwand o. Ä. auf, und hier können sich dann andere bis zu einer vorgegebenen Teilnehmendenzahl eintragen.
- Für die folgenden Projektphasen (vgl. dazu auch Klaffke 2022a, S. 143 ff.) kann man ein einfaches Planungsraster einsetzen (vgl. Abb. 5):

PROJEKTTHEMA: Bitte hierzu eine detaillierte Mind-Map, Gliederung o. Ä. in der Gruppe ausarbeiten!					
Namen:	**Themen-details / ProduktIdee:**	**Informations- und Material-beschaffung**	**Auswertung der Infor-mationen**	**Bearbeitung des Materials**	**Bearbeitung und Planung der Präsentation**
Datum – bis:					
	Gesamte Gruppe				
Wer macht was?					

Abb. 5: Planungsraster für Projekte

Erfahrungen mit dem Projektunterricht zeigen,

- dass diese Unterrichtsform einige Kompetenzen voraussetzt, z. B. Kooperationsfähigkeit, Recherchesicherheit, Umgang mit Hindernissen (die bei Projekten fast immer auftreten) und Frustrationstoleranz.
- dass die hier sichtbar werdenden Kompetenzen sich in Ziffernnoten kaum darstellen lassen, am ehesten noch in Kopfnoten wie Arbeits- oder Sozialverhalten. Letztlich stellen solche kooperativen und handlungsorientierten Unterrichtsformen das Notensystem infrage, und solange es nicht überwunden ist, kann man sich mit Urkunden, schriftlichen Anerkennungen oder Anlagen bzw. Bemerkungen im Zeugnis behelfen.

B

Projektunterricht kann besondere Kompetenzen Lernender sichtbar werden lassen

Ein Beispiel: Alex kam aus dem benachbarten Baden-Württemberg an unsere Realschule, mit einer besonderen Grundschulempfehlung, die nur für unsere Schule, aber nicht für sein eigenes Bundesland galt – rechtlich eigentlich unmöglich. Die Rektorin der abgebenden Grundschule bat mich, ihm eine Chance zu geben: Er sei ein „hochgradiger Legastheniker" (damals gab es in Baden-Württemberg noch keinen Notenschutz), schreibe in Diktaten fast jedes zweite Wort falsch, habe aber gute Erfolge in Mathematik und Sachfächern. Wir konnten die Rechtschreibung aus der Benotung ausklammern, seine Aufsätze und andere schriftlichen Texte ließ sich die Deutschlehrerin vorlesen, trotzdem hatte er es in den sprachlichen Fächern nicht leicht. Ganz anders in Mathematik, Naturwissenschaften und Arbeitslehre. Was wirklich in ihm steckt, zeigte er in der ersten Projektphase der 5. Klasse: Er hatte nicht nur eine zündende Idee, sondern „warb" ein schlagkräftiges Team für die Umsetzung an, bei der er alle Klippen und Probleme meisterte. Seine Mitschüler (es waren alles Jungen) erzählten, dass er noch spätabends anrief, weil er in einer „Hängephase" eine Idee hatte, wie es weitergehen könnte. Später wurde er zum Klassensprecher gewählt, machte seinen Realschulabschluss, später den Meister und ist heute Chef eines mittelständischen Handwerkbetriebs mit 40 – 50 Mitarbeitenden.

Solche Talente verkümmern in unserem vorwiegend kognitiv ausgerichteten Schulsystem leider allzu oft, und es ist unsere Verantwortung als Pädagoginnen und Pädagogen, auf Talentsuche zu gehen und durch differenzierte Lehr- und Lernformen den Boden dafür zu bereiten, dass Kinder und Jugendliche ihre Fähigkeiten auch zeigen können. Soziales Klassenmanagement kann dazu beitragen, dass sich besondere, für das Miteinander wichtige Kompetenzen entfalten können: Kinder und Jugendliche, die die Klassen zusammenhalten, sich für andere einsetzen und sich um sie kümmern, die um Ausgleich bemüht sind, die andere mitnehmen oder für bestimmte Ziele begeistern können. Ich kenne einige davon, die später ein Lehramtstudium begonnen haben und engagierte Lehrkräfte wurden.

6.4 Soziales Lernen

Beim Begriff „soziales Lernen“ denkt man oft an Übungen und besondere Programme wie z. B. „Lions Quest“ (dazu unten mehr). Aus den bisherigen Ausführungen dürfte hervorgehen, dass soziales Lernen im Schulalltag permanent stattfindet: im Unterricht, im sozialen Miteinander (z. B. im Klassenrat) und bei Konflikten (dazu mehr im Kap. 6.6).

> Nicht zuletzt ist das Beispiel der Lehrkraft wichtig, „die mit ihrer Haltung einerseits als Vorbild und Modell für die Schüler:innen in der Klasse dient. Andererseits sind Offenheit und ‚soziale Feinfühligkeit' von Bedeutung, um sensibel die beziehungsgestaltende Wirkung des Klassengeschehens und des Unterrichts wahrzunehmen.“
>
> (Walter-Klose 2021, S. 29)

6.4.1 Curriculare Elemente sozialen Lernens

Soziales Lernen zum *Thema von Unterricht* zu machen und möglichst im Schulcurriculum zu verankern, ist dennoch wichtig, da nicht alle Aspekte des sozialen Miteinanders im Alltag vorkommen, oder wenn sie vorkommen, nicht vertieft werden können, da keine Zeit dafür ist. Viele Schulen haben hierzu unterschiedliche Lösungen gefunden, z. B.:

- soziales Lernen als Fach zu Beginn der Sekundarstufe;
- soziales Lernen als mehrstündiges oder ganztägiges Modul in einem bestimmten Rhythmus (z. B. zweimal pro Schulhalbjahr);
- soziales Lernen im Rahmen von zwei Klassenleitungsstunden im Jahrgang 5 (oder 7 bei 6-jährigen Grundschulen), wobei eine für die Einführung des Klassenrats genutzt wird;
- soziales Lernen im Rahmen von Sozialpraktika oder Projekten wie „Verantwortung übernehmen“, „Sich bewähren“ und / oder im Rahmen von Service Learning.

Hierbei kann man Angebote von Stiftungen und anderen außerschulischen Trägern nutzen (eine Übersicht finden Sie im Downloadmaterial 15). Teilweise werden hier auch Fortbildungen angeboten (z. B. Lions Quest, Friedenskreis Halle), die es Lehrkräften ermöglichen, als Multiplikatorinnen und Multiplikatoren in der eigenen Schule tätig zu werden.

Zahlreiche Materialsammlungen (Hinweise s. Kasten) machen es aber auch möglich, sich selbst ein Curriculum zum sozialen Lernen zusammenzustellen. „Gemeinsinn in der Klasse“ bietet für die 5. Jahrgangsstufe einen kompletten Lehrgang mit Handreichungen, Arbeitsblättern und anderen Materialien an.

Materialien zum sozialen Lernen

- Auf die Materialien der Bundeszentrale für gesundheitliche Aufklärung wurde bereits hingewiesen. Sie bietet in ihrem Programm „Gesundheit und Schule" zwei Bände zum Thema „Achtsamkeit und Anerkennung" für die Grund- und Mittelstufe an. Die kostenlos erhältlichen Materialien, die man auch als PDF-Dokumente herunterladen kann, sind meiner Erfahrung nach gut einsetzbar (https:/bzga.de).
- Übungen zum sozialen Lernen in der Klassenstufe 5 findet man unter https://www.gemeinsinn-in-der-klasse.de/. Das ausführliche Lehrerhandbuch ist kostenpflichtig (s. Hennig et al. 2021) ebenso wie ein „Aktivheft für Schülerinnen und Schüler". Auf der o. g. Website kann man sich einen Eindruck von den Materialien verschaffen. Ein „L-Heft" (für LehrerInnen und Lehrern) mit zahlreichen Übungen kann man kostenlos als PDF herunterladen.
- Auf die Übungen des Programms „Empathie macht Schule" wurde bereits hingewiesen (s. https.//www.empathie-macht-schule.de).
- Viele Übungen besonders für inklusive Klassen findet man auch in dem Buch von Christian Walter-Klose (2021) sowie in dem Band von Andreas Krenner (2019).
- Auch der „Klassiker" von Ulrich Baer (2016) bietet zahlreiche Anregungen für soziales Lernen.

Folgende „Bausteine" können in einem solchen Curriculum sinnvoll sein:

A: Einanderkennenlernen (hierzu sind die Übungen im Kapitel 6.1 gut geeignet)
B: Vielfalt erfahren und anerkennen/Empathie (s. z. B. die Übungen „speed dating" und „welcome diversity" in Kapitel 6.1 sowie Übungen aus dem Programm www.empathie-macht-schule.de und die unten stehende Übung „spotlight")
C: Konstruktiv kommunizieren
D: Gruppenprozesse wahrnehmen und gestalten
E: Gemeinsam Stärken erleben: Hier sind vor allem erlebnispädagogische Übungen sinnvoll. Dazu gibt es fast überall Angebote außerschulischer sozialpädagogischer Träger (wie z. B. „team-building"-Prozesse)
F: Soziales Lernen im Rahmen von Sozialpraktika oder Projekten wie „Verantwortung übernehmen", „Sich bewähren" im Rahmen von Service Learning (s. unten)
G: Konflikte konstruktiv lösen (s. Kapitel 6.6)
H: Prävention von Mobbing und Cybermobbing

Im Folgenden Beispiele zu den Elementen B, C und D:

Baustein B: Vielfalt erfahren: „spotlight"

Die Klasse wird in zwei Gruppen geteilt: Die erste Gruppe sind Reporterinnen und Reporter, die die anderen befragen. Phase I: Jede:r Reporter:in sucht sich eine:n Interviewpartner:in und schreibt Antworten zu folgenden Fragen auf:

- Meine Lieblingsjahreszeit
- Was ich gut kann
- Drei Wünsche, die ich habe.

Danach gehen die Interviewten auf eine (fiktive) Bühne und die Antworten werden vorgelesen. Es wird nur das veröffentlicht, was freigegeben wird. In der Phase II werden die Rollen vertauscht. Weitere Fragestellungen kann man je nach Situation der Klasse / Gruppe ergänzen.[21]

Baustein C: Konstruktiv kommunizieren

Einstieg kann der Klassiker „Satz-Schnecke" sein, der auch unter anderen Begriffen firmiert: Die Klasse steht im Kreis. Ein beliebiger, nicht allzu einfacher, aber auch nicht zu komplexer Satz (Beispiel: Gestern wurde das Schwimmbad wegen eines drohenden Gewitters 30 Minuten vorzeitig geräumt) wird auf ein Blatt geschrieben und der / die Erste flüstert es dem / der Nächsten ins Ohr – bis der Satz wieder ankommt, meistens in veränderter und manchmal auch lustiger Form. Daran kann man sehen: Das, was wir sagen, wird oft ganz anders verstanden.

Zweiter Schritt können Übungen zum aktiven Zuhören sein:

Zunächst wird die Klasse gefragt, was Merkmale guten Zuhörens sind. Diese werden an einer Flipchart oder Stellwand gesammelt, z. B.:

- Wende dich deinem Gegenüber zu und schaue ihn an.
- Höre zu, ohne zu unterbrechen.
- Frage nach, wenn etwas unklar ist.
- Wiederhole, was du verstanden hast.
- Verzichte auf Wertungen oder deine persönliche Meinung.

Anschließend werden Dreiergruppen gebildet: A spricht, B hört zu und wiederholt das Verstandene, C gibt eine Rückmeldung dazu. Anschließend werden die Rollen zweimal getauscht. Themen können z. B. sein:

- Was ich in meiner Freizeit am liebsten mache
- Welche (Urlaubs-)Reise ich am besten in Erinnerung habe
- Menschen, die mir wichtig sind

21 Den Hinweis auf diese Übung verdanke ich Anna Haßdenteufel, Saarbrücken.

Dritter Schritt: Ich-Botschaften/Selbstmitteilungen – vom Vorwurf zum Wunsch
Zunächst wird das „VW-Prinzip" erläutert (Wünsche statt Vorwürfe) und erklärt, was Ich-Botschaften bzw. Selbstmitteilungen sind. Hier kann man eine Zeichnung einsetzen. Wenn man mit einem Finger auf andere zeigt, zeigen vier Finger auf sich selbst zurück.
Wichtig ist der Hinweis, dass auch sogenannte Ich-Botschaften eigentlich keine sind, wenn sie verkappte Wertungen oder Beschimpfungen enthalten, z. B.: „Ich finde, dass du ein Idiot bist!"
Dann werden wieder Dreiergruppen mit der o. g. Rollenverteilung und auf Kärtchen Sätze mit Vorwürfen verteilt, die in Ich-Botschaften umgewandelt werden sollen – Beispiel: „Immer musst du mich ärgern!" (Die Schülerinnen und Schüler liefern da meiner Erfahrung nach sehr viele Beispiele ...!) Die Beobachtenden schreiben dann die veränderten Sätze auf Moderationskarten auf, die dann anschließend im Plenum / Sitzkreis verglichen werden.

Im Verlauf dieser drei Schritte können auch kurze Kommunikationsregeln formuliert und visualisiert werden, die eine wichtige Grundlage für konstruktive Konfliktlösungen sind – Beispiel:

1. Wir hören einander zu.
2. Wir lassen die anderen ausreden und unterbrechen sie nicht.
3. Jede:r kann bei uns seine Meinung frei sagen.
4. Wir versuchen, unsere Wünsche und Anliegen mit Ich-Botschaften zu formulieren.

(mehr zum Thema „konstruktiv kommunizieren" bei Friedrichs / Schubert 2013, S. 166 ff.)

Baustein D: Standbilder zu Gruppenprozessen
Es werden Gruppen mit 7–8 Teilnehmenden gebildet. Diese sollen mit einem ersten Standbild zeigen, wie sie die Situation in der Klasse wahrnehmen. Dabei können auch unterschiedliche Wahrnehmungen gezeigt werden: Zwei umarmen sich, zwei halten sich mit Gestik und Mimik auf Distanz oder gehen sogar in Angriffsstellung. Nachdem alle Gruppen ihre Bilder gezeigt haben (an dieser Stelle würde ich noch nicht diskutieren lassen – Rückfragen sollten aber erlaubt sein), folgt die zweite Phase: Welche Situation in der Klasse würdet ihr euch wünschen? Die Auswertung führt meiner Erfahrung nach zu lebhaften Diskussionen (vor allem, wenn man die Standbilder fotografiert, ausgedruckt und gegenübergestellt hat, dazu ist eine Pause hilfreich). Die Transferphase wird mit der Frage eingeleitet, wie man zu dem wünschenswerten Zustand kommt. Auch das kann in einem Standbild oder in einer bewegten Pantomime dargestellt werden, was aber viele Klassen bzw. Gruppen überfordert. Daher kann man dazu auch Ideen auf Moderationskarten sammeln.

Am Ende dieser Übung, für die ich mindestens eine Schulstunde einplanen würde, kann dann eine Vereinbarung stehen, und nach etwa vier Wochen sollte im Klassenrat diskutiert werden, ob sie umgesetzt wurde.

Dieses „Sozialcurriculum“ sollte immer wieder mit dem Geschehen in dem Schulalltag verknüpft werden, nach dem Motto: „Es gibt nichts Gutes, außer man tut es!“ Beispielsweise bin ich einige Wochen nach dem o. g. Kommunikationstraining einer Schülerin ungeduldig ins Wort gefallen, was mir die berechtigte Kritik der Klasse eintrug, die ihre Lektion gelernt hatte …

Baustein F:
Sich wertvoll für andere zu fühlen, ist für Kinder und Jugendliche ein Grundbedürfnis. Daher ist soziales Lernen bei Sozialpraktika oder Projekten wie „Verantwortung übernehmen“, „Sich bewähren“ sowie im Rahmen von Service Learning so wichtig – aus sozialem Lernen kann sich umfassende soziale Bildung entwickeln. Verantwortung übernehmen kann man zum einen innerhalb der Klasse vor allem dann, wenn Partizipation ermöglicht wird: als Klassensprecher:in, im Klassenrat, durch Übernahme von Aufgaben in der Klasse, als Pate oder Patin zur Unterstützung anderer. Dieses Prinzip kann auf die gesamte Schule ausgeweitet werden, wozu aber Konzepte entwickelt werden müssen. Einige Beispiele: Lernende höherer Klassen werden als Patinnen und Paten für Neue eingesetzt, als Schulwegpaten (die z. B. Fahrrad fahrende Jüngere begleiten oder in Bussen und Bahnen Ansprechpartner sind und das Sicherheitsgefühl von Kindern enorm erhöhen können) oder als Patinnen in der Mittagspause von Ganztagsschulen, in der sie eine Tischgruppe betreuen, in der Schulbücherei vorlesen oder Spielangebote drinnen und draußen machen. In Lernzeiten oder in der Hausaufgabenbetreuung unterstützen sie Lernende unterer Klassen oder machen hier an bestimmten Tagen Angebote zum digitalen Lernen. Manche Schulen haben dazu das Fach oder einen Wahlpflichtkurs „Verantwortung“ eingeführt.

Dieses Prinzip kann man auf außerschulische Projekte übertragen. Beispielsweise engagieren sich die Lernende der Jahrgangsstufen 7–10 der Evangelischen Schule Berlin regelmäßig über einen längeren Zeitraum in Projekten des Schulumfelds. „Dabei lernen die Schülerinnen und Schüler nicht nur, sich für andere zu engagieren, sondern sich selbst zu organisieren, etwa in der Arbeit im Seniorenheim oder im Kindergarten“ (Fricke / Kuld / Sliwka 2018, S. 10). Service Learning hat einen ähnlichen Ansatz, hat aber den Anspruch, gesellschaftliches Engagement mit fachlichem Lernen zu verbinden (vgl. Nagy 2018, S. 63 ff.). Da es zu den Themen Lernen durch Engagement und Service Learning umfangreiche Literatur gibt, will ich hier darauf nicht weiter eingehen. Einen Eindruck von der Bandbreite der Möglichkeiten kann man sich auf den Internetseiten der Stiftung Lernen durch Engagement verschaffen.[22]

22 https://www.servicelearning.de/, recherchiert am 17.07.2023

6.4.2 Interaktionsspiele

Bevor ich Schulleiter wurde und mit voller Stelle an einer Haupt-und Realschule tätig war, wurde in meiner Schule ein Angebot von Arbeitsgemeinschaften geschaffen. Ich hatte an einigen Schulen der Region Aufführungen von Theater-AGs gesehen und war motiviert, eine solche auch an meiner Schule zu gründen. Dabei war günstig, dass damals in Hessen eine berufsbegleitende theaterpädagogische Zusatzausbildung angeboten wurde. Die Projekte der Theater-AG wurden zu Höhepunkten meines Berufslebens (belasteten aber meine junge Familie erheblich, da ich in den Wochen vor den Premieren voll beansprucht war). Ich merkte bald, dass viele der Übungen, die ich in der Ausbildung kennengelernt hatte, nicht nur für die AG, sondern auch für meinen Unterricht gute Wirkungen hatten.

Interaktionsspiele bringen Bewegung in den Unterrichtsalltag, in dem die Kinder und Jugendlichen viel zu viel sitzen müssen und zu wenig in Kontakt miteinander kommen. Sie ermöglichen auch spielerische Kontakte zwischen solchen, die sich vielleicht sonst aus dem Weg gehen. Bei diesen Spielen kommt auch der Körper zu seinem Recht, es wird viel gelacht, und manchmal kommt man auch mit Gefühlen in Kontakt, die sonst im Unterricht eher weggedrückt werden. Die meisten dieser Spiele kann man nicht in „Zoom“ oder anderen Onlineplattformen machen, und daher waren sie auch nach den Schulschließungen nicht nur bei Lernenden sehr beliebt, sondern auch bei den Lehrkräften meiner Lehrgänge. Hier wird dann die Frage aufgeworfen, wann denn im Unterricht Zeit für solche Spiele ist. Meiner Erfahrung nach eignen sich der Anfang von Klassenleitungsstunden dazu, man kann damit lange Lernzeiten von 60 und mehr Minuten auflockern, und in einer sechsten Unterrichtsstunde, wo alle „durchhängen“, kann man Klassen damit vielleicht „wiederbeleben“. An letzten Schultagen vor längeren Ferien, wo vielleicht unterrichtlich nicht mehr viel drin ist, können Spielzeiten ebenso Sinn ergeben. Und Spielzeiten können auch Anerkennungen für positives Sozialverhalten sein (s. Kapitel 5).

Einige beliebte Spiele und „Klassiker“ habe ich bereits in früheren Publikationen veröffentlicht (z. B. Klaffke 2022a). Sie sind im Downloadmaterial Nr. 16 zu finden. Dabei sollte man berücksichtigen, dass nicht alle Spiele für alle Klassen und alle Situationen geeignet sind. Beispielsweise eignet sich das Spiel „Drei Veränderungen“ eher für die kühlere Jahreszeit, in der man mehr Kleidungsstücke trägt. „Ebbe und Flut“ (es gibt etliche andere Spiele mit Platztausch) kann in herausfordernden Klassen eher zum Chaos führen. Das Atom-Spiel habe ich nach Corona noch nicht wieder eingesetzt, weil hier in jeder Phase eine:r oder mehrere ausscheiden und damit die Erfahrung der Nichtzugehörigkeit „getriggert“ werden kann. Der Einsatz solcher

Spiele erfordert also Feinfühligkeit und auch „leadership“, denn die Spielregeln müssen eindeutig erklärt, manchmal auch lautstark und immer konsequent durchgesetzt werden. Regeln einhalten lernen ist also hierbei ein weiterer Lerneffekt. Im Folgenden einige nicht so bekannte Spiele (mehr findet man bei https://improwiki.com/de):

B

Omas Sofa

Die Lernenden stellen sich dicht hintereinander in den Kreis, sodass jede:r seine Arme auf die Schulter des/der vor ihm/ihr Stehenden legen kann. Auf ein Zeichen setzen sich alle auf die Knie der hinteren Person. Dann den rechten Arm loslassen und nach außen der um den Kreis laufenden Spielleitung zuwinken. Wenn diese eine Umrundung schafft, hat die Übung geklappt und alle stehen auf und applaudieren (nach Klaffke 2022a, S. 184 – hier noch mal angeführt, da es meiner Beobachtung nach wenig bekannt ist!).

Kein i – kein u

Jede:r kennt das Spiel „Ich gehe auf eine einsame Insel und packe meinen Koffer!“. Bei dieser Version darf alles mitgenommen werden, was kein i und kein u hat. Also: Ball geht, Sonnenbrille nicht usw. Je flotter es läuft, desto spannender, und ich habe auch schon Lehrgangsteilnehmende zur Verzweiflung gebracht, da sie die Spielregel nicht herausfinden konnten. Daher muss man manchmal nachhelfen – z. B.: „Hört mal genau her: Koffer geht, Kaffee geht, Hund geht, aber Brille, Bier, Gebiss ... geht nicht.“ Wenn die Gruppe das „i“ herausfindet, findet sie das „u“ auch bald heraus ...

Der Mond ist rund

Auch das Spiel „Der Mond ist rund“ kann in der Gruppe zu Verzweiflungsattacken führen. Zu dem Satz „Der Mond ist rund, der Mond ist rund, hat zwei Augen, Nase, Mund!“ malt die Spielleitung mit einem Stift einen Mond mit Augen, Nase, Mund in die Luft. Er gibt mit der anderen Hand, mit der er/sie nicht gezeichnet hat, den Stift weiter und sagt: „Und das war richtig!“ Wenn die im Kreis Stehenden dies nachzumachen versuchen, sagt er immer, ob dies richtig oder falsch war. Meistens braucht die Gruppe ziemlich lange, bis sie herausfindet, dass es die andere Hand sein muss. Eventuell muss man es noch einmal sehr deutlich vormachen (nach Wübbels 2005).

Fotografin/Fotograf

Die Klasse stellt sich zu einem Gruppenbild zusammen. Der Fotograf oder die Fotografin prägt sich das Bild ein und verlässt den Raum. Jetzt gibt es verschiedene Möglichkeiten: Entweder verlässt eine Person das Standbild und es muss erraten werden, wer fehlt – oder die Gruppe nimmt drei deutliche (!) Veränderungen vor, die erraten werden müssen.

Doppelte Blindekuh
Die Klasse steht im Kreis eng beisammen, zwei sind „Blindekuh", bekommen die Augen verbunden und Holzkochlöffel zum Tasten. Die Klasse zählt ab: 1, 2, 3 ... Wichtig ist, dass sich jeder seine Nummer merkt. Die beiden in der Mitte nennen zwei Zahlen, z. B. 6 und 17. Diese beiden versuchen, heimlich ihre Plätze zu tauschen, das ist aber nur innerhalb des Kreises erlaubt. Zurückweichen oder Ausweichen, um den Tausch zu erleichtern, ist verboten, wer das macht, wird selbst Blindekuh. Gelingt der Tausch, wird „Blindekuh" gerufen, wird eine:r der Tauschenden mit einem Löffel berührt, wird sie oder er selbst zur Blindekuh. Dieses Spiel kann besonders draußen viel Spaß machen.

Gruppenknäuel
(bei uns in der Kurpfalz auch „Voll verknoddelt" nach einem Buch von Arnim Töpel):
Es werden 8er-Gruppen gebildet. Alle strecken ihre Hände in die Mitte und greifen sich andere Hände, aber jeder greift die Hände von zwei anderen. Jetzt versucht die Gruppe, daraus einen Kreis zu bilden, ohne die Hände loszulassen. Dabei müssen sich alle helfen: runtergehen, jemanden unter den Händen durchlassen ... manchmal mit viel Verrenkungen ohne Erfolg, manchmal geht es schnell.

Begriffe orakeln
Zu Beginn des Spiels denkt sich die Spielleitung Begriffe aus, die auf kleine Klebezettel geschrieben werden, z. B. Spinne, Spülbürste ..., die dem Spieler / der Spielerin auf die Stirn geklebt werden, die Gruppe sitzt gegenüber. Er / Sie versucht jetzt, den Begriff zu erraten, und hat dafür 10 Versuche. Dabei empfiehlt es sich, erst mit Oberbegriffen zu beginnen (z. B.: „Ist der Begriff ein Lebewesen?"). Die Gruppe, das Orakel, darf nur mit „Ja" und „Nein" antworten.

6.5 Konflikte konstruktiv lösen

B

Antonia ist ein lebhaftes Mädchen. Sie hat viele Freundinnen in der Klasse, aber manche mögen sie auch nicht. Beim Ertönen des Pausengongs stürmt sie aus der Klasse und reißt Yasemins Frühstücksbox vom Tisch. Yasemin schreit: „Du Spasti!" Antonias Erwiderung will ich lieber nicht zitieren. Kurz vor dem unvermeidlich erscheinenden Duell geht die Mathelehrerin dazwischen ...

Konflikte sind unvermeidlich, sie gehören zum Alltag, nerven uns oft, vor allem wenn sie überhandnehmen, sie können aber auch Felder des sozialen Lernens sein, und daher empfiehlt es sich generell, Konfliktmanagement als notwendige Kompetenz für unseren Beruf zu sehen. Grundsätzlich ist es wichtig, sich bei Konflikten zu gut wie möglich zu entspannen, den Selbstkontakt zu verstärken (s. Kapitel 3), vor dem Agieren durchzuschnaufen und mit Ruhe und Klarheit zu agieren. Hier können uns gute Schiedsrichterinnen und Schiedsrichter als Beispiel dienen, die unaufgeregt mit klarer Körpersprache intervenieren und sich von verbalen Angriffen nicht provozieren lassen. Derzeit muss man vielleicht auch berücksichtigen, dass Konflikte Kindern und Jugendlichen mehr Stress und vielleicht auch Angst machen als früher. Pandemie und Krieg haben die Resilienz bei manchen geschwächt.

Wenn ich höre, dass Kinder Angst davor haben, dass ihr Haus von Bomben heimgesucht wird oder in den Familien diskutiert wird, wohin man fliehen könnte, wenn sich der Krieg ausweitet, ist es nicht verwunderlich, dass sie sich von sehr lautstark und heftig ausgetragenen Konflikten bedroht fühlen können.

Bei Kindern, die heftige Streitereien und ungut verlaufene Trennungen ihrer Eltern erlebt haben, oder bei Kindern Geflüchteter können auch Traumatisierungen vorliegen. Da ist es vielleicht notwendig, sie in einen anderen Raum zu bringen oder sich schützend vor sie zu stellen, damit sie sich beruhigen. Sowieso ist Deeskalation bei Konflikten der erste Schritt.

Einfache Konflikte zwischen zwei oder wenigen Personen zu klären, ist oft nur ein Problem der Zeit: beide Seiten anhören, Rückfragen stellen, nach Lösungsvorschlägen fragen und daraus eine Vereinbarung herleiten, die mit Handschlag bekräftigt wird. Das Hauptproblem hierbei ist, wo ich dafür Zeit finde, denn den Unterricht will man ja nicht ständig damit belasten. Am besten finde ich es noch, wenn man der Klasse Aufgaben stellen und dann kurz mit den Konfliktpartnern auf den Flur gehen kann. Eine Alternative ist der Klassenrat (s. u.).

Bei schwereren Konflikten geht es zunächst darum, diese zu stoppen, die Konfliktparteien in die Schranken zu weisen und sie zu beruhigen. Anschließend kann man vielleicht noch den Rahmen für die Konfliktlösung vereinbaren:

- Wer war an dem Konflikt beteiligt?
- Wann wird die Klärung versucht?
- Wo findet sie statt?
- Wie wird sie durchgeführt und von wem? Wenn es Mediationsangebote durch Schülerinnen und Schüler gibt, sollten diese nach Möglichkeit gewählt werden. Wenn nicht, können die Klassenlehrkräfte oder Sozialpädagoginnen und -pädagogen das Konfliktgespräch moderieren. Dafür hat sich das Mediationsprinzip bewährt, das ich bereits an anderer Stelle vorgestellt habe:

Mediationsprinzip

Gesprächseröffnung: Begrüßung, Dank für Gesprächsbereitschaft, Erinnerung an die Regeln, Klärung des Themas.

Sichtweisen der Beteiligten: Was ist passiert? Wer ist beteiligt? Die Beteiligten geben jeweils wieder, was sie verstanden haben.

Hintergründe des Konflikts: Hat der Vorfall eine Geschichte? Welche Gefühle wurden ausgelöst?

Lösungsvorschläge: Welche Ideen haben die Beteiligten? Was müsste geschehen, damit der Konflikt gelöst werden kann und dass es beiden wieder besser geht?

Vereinbarung treffen: Eventuell schriftlich verfassen; hier ist auch die Nachfrage wichtig, ob die Beteiligten mit der Lösung zufrieden sind und wann es zu einer Überprüfung kommt, ob die Vereinbarung eingehalten wurde. Eventuell braucht es auch eine Denkpause und ein zweites Gespräch, um eine Vereinbarung zu treffen (aus Klaffke 2022b, S. 96 f.).

Dieses Vorgehen wird auch in dem Modell der „Friedensbrücke" deutlich:

Abb. 6: Friedensbrücke (nach Regina Heil), aus Klasse leiten, Heft 11 / 2020, S. 14

Konstruktive Konfliktlösungen setzen voraus, dass die Kommunikationsregeln in der Klasse bereits thematisiert wurden. Daran muss man vielleicht in aufgeheizten Situationen immer wieder erinnern. Günstig ist auch, eine Konfliktmediation im Rollenspiel zu erproben. Dazu eignet sich das Fallbeispiel zu Beginn dieses Abschnitts. Konflikte spielen sich oft unter der Oberfläche ab und werden von Lehrkräften nicht wahrgenommen, daher ist es wichtig, dass auch die Schülerinnen und Schüler Wege finden, sie zu thematisieren. Dafür ist der Klassenrat eine gute Möglichkeit. Wer von einem Konflikt betroffen ist, kann in dem Themenspeicher oder auf der Wandzeitung (in manchen Klassen gibt es auch Kummerkästen oder „Sorgengläser") seinen Wunsch anmelden, eine Klärung zu versuchen.

Zur Klärung von *Konflikten zwischen ganzen Gruppen* in der Klasse („Groß-Konflikte") sollte man Zeit investieren und nach Möglichkeit eine zweite Person zur Unterstützung hinzuziehen (z. B. stellvertretende Klassenleitung, Sozialpädagogin / Sozialpädagogen usw.), die oder der dann die Moderation übernimmt. Hier einige Hinweise zum Vorgehen (nach Klaffke 2022a, S. 182 ff.):

Klärung von Konflikten zwischen ganzen Gruppen in der Klasse

Rahmenbedingungen:

- Man sollte den Zeitrahmen vorher abstecken: Eine Stunde ist auf jeden Fall notwendig, meistens eine Doppelstunde.
- Die Klasse sitzt im Kreis; Flipchart, eine Stellwand und Moderationsmaterial sollten bereitgelegt werden.

Einstieg:

- Die Klassenleitung erklärt in einer möglichst persönlich gehaltenen Stellungnahme (Ich-Botschaften – keine Zuschreibungen!), warum sie/er dieses Klärungsgespräch für notwendig hält. Die Moderationsleitung erläutert das geplante Vorgehen.
- Man kann mit einem „Blitzlicht" beginnen, bei dem alle einen Satz darüber sagen, wie es ihnen geht.
- Alternativ oder zusätzlich kann man auf einer Skala (s. Abb.) ankreuzen lassen, wie es den Lernenden in der Klasse geht. Am Ende des Gesprächs erfolgt eine zweite Abfrage und wird mit der ersten verglichen.

Abb. 7: Meinungsskala zur Abfrage © Thomas Klaffke

Bestandsaufnahme:

- Für diese Phase eignen sich alle bekannten Methoden zur Bestandsaufnahme, beispielsweise die Kartenabfrage: Jede:r erhält zwei Moderationskarten zur Frage: „Was stört dich derzeit in der Klasse?" Diese Karten werden dann an Stellwänden geordnet und mit Überschriften versehen.

- Alternativ kann man Partner:innen-Interviews führen, die Antworten auf Karten schreiben lassen und dann weiter wie oben beschrieben vorgehen.
- Noch mehr Bewegung ermöglicht die Methode „Bienenkorb“: Alle schwirren im Raum herum, bilden kleine Diskussionsgruppen (ca. 5–10), deren Ergebnisse im Kreis vorgetragen und auf einer Flipchart festgehalten werden (nach Thomas / Grewe / Connemann 2018, S. 297).

Vertiefung / Hintergründe:

- Je nach Situation der Klasse (und oft eher für höhere Klassen geeignet) werden in einem Kreisgespräch die Hintergründe des Konflikts beleuchtet. Wichtig ist, dass alles stehen bleibt, jeder nur seines sagt und nicht über die Statements diskutiert wird. Rückfragen sind zulässig. Hier müssen die Lehrkräfte strikt darauf achten, dass alle ausreden können und sich einander zuhören. Ein Redestein kann dabei helfen. Diese Phase kann sehr anstrengend werden, weil es hier oft sehr emotional wird.
- Jetzt ist spätestens eine Pause angesagt, die man schön gestalten kann, z. B. mit Blumen, leiser Musik ...
- Ohnehin ist es zu empfehlen, ab und zu eine Bewegungspause und / oder ein Interaktionsspiel einzubauen.

Visionsphase:

- Nun geht es um mögliche Veränderungen. Die Lernenden beantworten die Frage: „Was müsste geschehen, damit es dir/euch in der Klasse wieder besser geht und das Klassenklima erträglich wird?“
- Dazu kann sich die Klasse reihum äußern und die Lehrkräfte halten die Antworten auf Karten oder einer Flipchart fest.
- Alternativen: Kartenabfrage oder kreative Methoden wie Standbilder, Songs, freie Texte (eine Science-Fiction: „Die 8c in drei Monaten ...“).

Umsetzungsphase:

- Es werden Kleingruppen gebildet (3–4 Lernende) und jede Gruppe einigt sich auf *einen* Veränderungswunsch (z. B. „Wir verzichten auf Beschimpfungen und gehen freundlich miteinander um!“). Dieser wird aufgeschrieben und ausgehängt. Oft kommt es zu ähnlichen Wünschen, und wenn es zu viele sind, kann man eine Abstimmung mit den Füßen machen, d. h., die Schülerinnen und Schüler stellen sich zu dem Wunsch, den sie am wichtigsten finden.
- Die drei wichtigsten Wünsche werden in einen „Klassenvertrag“ übernommen.

Abschluss:
- Blitzlicht („Wie geht es dir jetzt?") und / oder Umfrage s. o., die mit der ersten verglichen wird.
- Feedback mit Daumenfeedback oder Evaluationszielscheibe
- Die Lehrkräfte geben Rückmeldung und ausdrücklich Anerkennung für alles Gelungene, auch wenn es zwischendurch turbulent und schwierig war.

Diese Methode der Konfliktklärung ist zugegebenermaßen aufwendig und kraftzehrend. Aber sie lohnt sich. Ich habe sie einige Male in verschiedenen Variationen eingesetzt, und danach war wie nach einem Gewitter die Luft gereinigt und die „verlorene" Zeit wurde wieder eingespielt durch eine Phase produktiven Miteinanders.

Konflikte bei Sachfragen

Manchmal kommt es in Klassen auch zu Konflikten in Sachfragen: Wohin soll unsere Abschlussfahrt gehen? Wollen wir Gruppen- oder Einzeltische? Ich z. B. habe in einer 5. Klasse, in der zu Beginn des 5. Schuljahres das Projekt „Klassenraumgestaltung" den Auftakt bildete, eine heftige Kontroverse zur Frage der Wandfarbe erlebt. Gelb oder grün? Die Klasse war gespalten.

Eine bekannte Methode zur Entscheidungsfindung in diesen Situationen ist das Meinungsbarometer. Was aber, wenn fast die eine Hälfte der Klasse (hier: grün) auf der einen Seite und fast genauso viele auf der anderen Seite (gelb) stehen und nur wenige, die mit beiden Farben leben konnten, in der Mitte bzw. auf der Skala eher links oder rechts?

Hier ist das „Tetra-Lemma" nach meiner Erfahrung hilfreicher, das von Matthias Varga von Kibéd und Insa Sparrer als Instrument für Coaching und Beratung eingeführt wurde (vgl. Varga von Kibéd/Sparrer 2003). Hier werden auf dem Boden vier Felder markiert: entweder (wie im o. g. Beispiel „grün") – oder („gelb") – keins von beiden, sondern .... – sowohl als auch (s. Abb. 8).

Das Tetralemma	
ENTWEDER	SOWOHL ALS AUCH
KEINS VON BEIDEN	ODER

Abb. 8: Das Tetralemma (Thomas Klaffke nach Varga v. Kibed / Sparrer 2003)

Die Lernenden stellen sich in das Feld, das ihrer Meinung entspricht. Wer will, kann seine Meinung erläutern und sich auch dazu äußern, wie es sich in diesem Feld anfühlt. In einem zweiten Schritt kann jede:r auch mal eine andere Position ausprobieren (eventuell kann man auch in einem dritten/vierten Schritt die anderen Felder erkunden lassen). Zum Schluss stellt sich jede:r in das Feld, das seine zum Schluss gefundene Meinung darstellt. Diese Methode hat meinen Schülerinnen und Schülern viel Spaß bereitet und auch die Verbissenheit in der anfänglichen Diskussion aufgelöst. Die Klasse entschied sich übrigens für das „Sowohl-als auch“: Zwei Wände wurden in Grün und zwei in Gelb gestrichen und symbolisierten lange Zeit, dass man auch nach heftigen Meinungsverschiedenheiten wieder zueinanderfinden kann.

Zum Thema Konflikte gehören auch die Problematiken *Mobbing* und – gerade nach den Zeiten der Schulschließungen – *Cybermobbing*. Diese Thematiken, auf die ich schon vor der Pandemie ausführlich eingegangen bin (s. Klaffke 2022b, S. 97 ff.), sind so umfassend, dass sie sinnvollerweise nur in einer eigenen Publikation dargestellt werden könnten. Wer hier rasche Hilfe zu Intervention und Prävention braucht, sei auf das Buch von Jannan und u. a. auf die Angebote des Programms „Digitale Helden“ hingewiesen (beides finden Sie im Downloadmaterial 17). Zum Buch von Mustafa Jannan bietet der Verlag (s. www.beltz.de) umfangreiche Materialien zum kostenlosen Download an.

6.6 Ethische Bildung

Annedore Prengel plädiert in ihrem bereits erwähnten Buch für eine grundlegende ethische Bildung von Kindern und Jugendlichen (vgl. Prengel 2020, S. 95 ff.). Hierbei hält sie folgende Bausteine für essenziell:

- „die menschheitsgeschichtlich fundierte und wegweisende interkulturelle Errungenschaft der Einsicht in die universelle Menschenwürde und die daraus folgende solidarisch vertretene gleiche Freiheit“ (ebd., S. 96);
- die nicht verhandelbaren Regeln des sozialen Zusammenlebens;
- den Zusammenhang von Selbstachtung und Achtung der anderen, hier auch die Stopp-Regel;
- die „goldene Regel“: „Was du nicht willst, das man dir tut, das füg auch keinem andern zu.“ Für kleinere Kinder in der vereinfachten Formulierung: „Tu dir selbst und anderen nicht weh!“ (ebd., S. 98).

Menschenrechtsbildung ist Thema im Politikunterricht, der oft marginalisiert wird und wenn überhaupt erst in der 7. oder 8. Jahrgangsstufe beginnt – für ethische Bildung viel zu spät. Sie ist schon in Kitas und Grundschulen sinnvoll, hier vielleicht mit dem Thema Kinderrechte beginnend. Wenn eine Schule gute Leitsätze hat, dann kann hier schon vieles abgedeckt sein und im Zusammenhang mit den in Kapitel 4 genannten „4Rs" vertieft und in dem Sozialcurriculum weitergeführt werden. Nach meiner Erfahrung bildet sich eine ethische Haltung zum einen durch das Vorbild der Erwachsenen und zum anderen durch die Art und Weise des sozialen Miteinanders heraus. Und sie findet ihre Bewährungsprobe meistens in den tagtäglichen Konflikten.

Literatur

Eingangszitat aus Rifikin, Jeremy (2022): Das Zeitalter der Resilienz. Leben neu denken auf einer wilden Erde. Frankfurt/New York: Campus, S. 314.

Baer, Ulrich (2016): 666 Spiele für jede Gruppe – für alle Situationen. 27. Aufl. Hannover: Friedrich Verlag.

Deci, Edward L.; Ryan, Richard M. (1993): Die Selbstbestimmungstheorie der Motivation und ihre Bedeutung für die Pädagogik. In: www.pedocs.de/volltexte/2017/11173/pdf/ZfPaed_1993_2_Deci_Ryan_Die_Selbstbestimmungstheorie_der_Motivation.pdf, recherchiert am 03.07.2023.

Fricke, Michael / Kuld, Lothar / Sliwka, Anne (2018): Konzepte sozialer Bildung an der Schule. Compassion – Diakonisches Lernen – Service Learning. Münster/New York: Waxmann.

Friedrichs, Birte (2022): Der Weg in eine neue Klasse – pädagogisch bedeutsam. Wie neue Schülerinnen und Schüler leichter in einer Klasse ankommen. In: Klasse leiten, Heft 19/2022, S. 36 f.

Friedrichs, Birte / Schubert, Nele (2013): Das Klassenlehrer-Buch für die Sekundarstufe. Weinheim und Basel: Beltz.

Gaudo, Felix / Kaiser, Marion (2020): Lachend Lernen. Humortechniken für den Unterricht. Weinheim und Basel: Beltz.

Graf, Lisa (2022): Abgehängt. Von Schulen, Klassen und anderen Ungerechtigkeiten. Weckruf einer Lehrerin. München: Heyne.

Hennig, Günther / Feige, Eckhard / Radimersky, Bianca / Anacker, Martin (2021): Gemeinsinn in der Klasse schaffen. Soziales, Kooperatives & Demokratie lernen systematisch verknüpfen. Freiburg: BurckhardtHaus.

Klaffke, Thomas (2022a): Klassen führen. Klassen leiten. Beziehungen, Lernen, Classroom Management. 3. Aufl. Hannover: Klett Kallmeyer.

Klaffke, Thomas (2022b): Unterrichtsstörungen – Prävention und Intervention. Möglichkeiten und Chancen einer ressourcenorientierten Pädagogik. 2. Aufl. Hannover: Klett Kallmeyer.

Klaffke, Thomas / Wübbels, Hermann (2022): Start ins neue Schuljahr. Praxisratgeber. Hannover: Friedrich Verlag.

Klasse leiten, Heft 6/2019, Toolbox.

Krenner, Andreas (2019): 140 Spiele & Übungen zum sozialen Lernen. Persönlichkeit stärken, Empathie schulen, Toleranz stärken. Mülheim / Ruhr: Verlag an der Ruhr.

Nagy, Franziska (2018): „Die haben mir richtig was zugetraut!" Einführung in das Konzept, Praxis und Potenziale von Service-Learning – Lernen durch Engagement. In: Fricke, Michael / Kuld, Lothar / Sliwka, Anne (Hrsg.): Konzepte sozialer Bildung an der Schule. Compassion – Diakonisches Lernen – Service Learning. Münster / New York: Waxmann.

Prengel, Annedore (2020): Ethische Pädagogik in Kitas und Schulen. Weinheim und Basel: Beltz.

Thomas, Lutz/Grewe, Norbert (2022): Nicht unveränderlich: die Außenseiterposition. Wie Schülerinnen und Schüler wieder Teil des Klassengefüges werden. In: Klasse leiten, Heft 19/2022, S. 32 ff.

Thomas, Lutz/Grewe, Norbert/Connemann, Ralf (2018): Klasse Klima! Konzepte und Praxisbeispiele für ein Soziales Klassenmanagement. Köln: Carl Link Verlag.

Traub, Silke (2022): Projektarbeit erfolgreich gestalten: Über individualisiertes, kooperatives Lernen zum selbstgesteuerten Kleingruppenprojekt. 2., akt. Aufl. Bad Heilbrunn: Klinkhardt.

Varga von Kibéd, Matthias/Sparrer, Ines (2003): Ganz im Gegenteil. Heidelberg: Carl-Auer.

Wübbels, Hermann (2005): Kennenlernspiele. In: Lernende Schule, Heft 30/31, S. 63.

Walter-Klose, Christian (2021): Erfolgreiches Miteinander an inklusiven Schulen. Tipps und Strategien für gemeinsames Lernen. Weinheim und Basel: Beltz.

7 Professionalisierung und Rahmenbedingungen für Klassenführung

„Hinter den Bildungszielen einer Schule stehen Haltungen, die sich in Leitbild und Schulprogramm widerspiegeln. Wirksam werden sie aber erst, wenn sie von möglichst vielen gelebt werden. Das Ernstnehmen von Vorstellungen und die Würdigung von unterschiedlichen Standpunkten schaffen den Nährboden dafür."
(Michael Schratz)

Klassenführung, so der Befund des Jahrbuchs für Didaktik 2015, führe in der universitären Ausbildung immer noch ein Schattendasein (vgl. Haag/Krieg/Trautmann 2015, S. 9f.). Daher ist es für viele Lehrkräfte wichtig, sich berufsbegleitend fortzubilden und zu professionalisieren. Weiterhin sind für Klassenführung gute Rahmenbedingungen notwendig. Um beide Aspekte soll es in diesem abschließenden Kapitel gehen.

7.1 Das professionelle Selbstkonzept weiterentwickeln

„Ich bin doch keine Sozialarbeiterin!" Diesem Stoßseufzer einer Lehrerin hätte ich gerne die Frage entgegengestellt: „Und was bist du dann?" Das berufliche Selbstverständnis von Lehrkräften kann sehr unterschiedlich sein und wird auch nicht immer reflektiert. Mit der Entwicklung eines professionellen Selbstkonzeptes kann man sich Klarheit darüber verschaffen, wie man seine institutionelle Rolle persönlich gestalten will.

Das wird auch in der universitären Ausbildung angehender Lehrkräfte nur selten thematisiert, hier erfährt man vielleicht etwas über die institutionelle Rolle von Lehrkräften. Daher erleben etliche Lehramtsstudierende erst während der Praktika und während des Referendariats, dass es mit reiner Wissensvermittlung nicht getan ist und dass man nicht nur Unterrichtsdidaktik erlernen, sondern auch Beziehungskompetenz erwerben sollte. Mit dem Begriff des „Lernbegleiters" ist eine weitere Möglichkeit des beruflichen Selbstverständnisses geprägt worden, das aber – wie oben schon ausgeführt – aus meiner Sicht unvollständig ist, da es die Dimension der pädagogischen Führung („Leadership") nicht berücksichtigt. Im folgenden Kasten sind die aus meiner Sicht wesentlichen Aspekte des beruflichen Selbstkonzepts aufgeführt, bei dem wir die institutionelle Rolle nicht außer Acht lassen dürfen, bei dem es aber darum geht, wie wir diese Rolle ausfüllen und prägen (vgl. dazu Klaffke 2021, S. 12 ff.):

Aspekte des professionellen Selbstkonzeptes

Hierbei handelt es sich um Wissensvermittlung, didaktische Dimension, Beziehungsgestaltung, pädagogische Führung, Umgang mit sich selbst, die systemische Dimension wie z. B. Teamarbeit und Mitwirken in der Organisation.

Robin Menges definiert das Selbstkonzept als „Zusammenspiel von dem, wie wir uns erleben und wie wir uns gerne sehen würden. Es umfasst das Wissen über uns selbst und beschreibt, was wir denken, wenn wir an uns selbst denken [...] das Bild unserer Eigenschaften, Kompetenzen, Vorlieben, Interessen, Gefühle, Absichten und Erinnerungen." (Menges 2019, S. 121)

Welche Akzente wir setzen, kann sehr unterschiedlich sein und hängt auch von Schulstufe, Fächern, Schulart und Einzugsgebiet ab. Dass Wissensvermittlung in der gymnasialen Oberstufe den Schwerpunkt bildet, versteht sich fast von selbst, während Beziehungen und soziales Miteinander in der Unterstufe eine größere Rolle spielen. Wie das o. g. Zitat zeigt, fühlen sich Lehrkräfte oft in einem Dilemma zwischen den im Fachunterricht zu erreichenden Zielen und den pädagogischen Herausforderungen, die sich im Zusammensein mit Kindern und Jugendlichen stellen.

Bei der *Reflexion über das berufliche Selbstkonzept*, das vielen Lehrkräften explizit nicht bewusst ist, kann am Anfang die Frage stehen, warum ich eigentlich Lehrerin bzw. Lehrer geworden bin und wie mich meine soziale Herkunft, Sozialisation und auch Zuschreibungen und äußere Bewertungen geprägt haben, die möglicherweise für Selbstgefühl und Selbstbewusstsein nicht günstig waren. Weiterhin ist zu fragen, was eigentlich zu der Entscheidung für diesen Beruf geführt hat und wie ich diese Entscheidung jetzt sehe. Würde ich mich noch einmal für diesen Beruf entscheiden, und wenn ja, warum? Und schließlich: In welche Richtung will ich mich weiterentwickeln? Hierzu verwende ich in meinen Fortbildungen eine an Remo Largo (2018, S. 447) angelehnte Matrix (s. Abb. 9 auf S. 126, dieses Schaubild mit einem Arbeitsvorschlag finden Sie als Kopiervorlage in den Downloads Nr. 18).

Meiner Erfahrung nach ist es sehr spannend, wenn man seine beruflichen Stärken zunächst für sich selbst zu definieren sucht und dann eine Kollegin bzw. einen Kollegen des Vertrauens bittet, ihre bzw. seine Sicht in dieser Matrix zu markieren. Darüber kann es zu einem interessanten Austausch kommen. Anschließend kann man seinen Entwicklungsbedarf – bzw. besser: seine Vorstellungen – zur beruflichen Weiterentwicklung markieren.

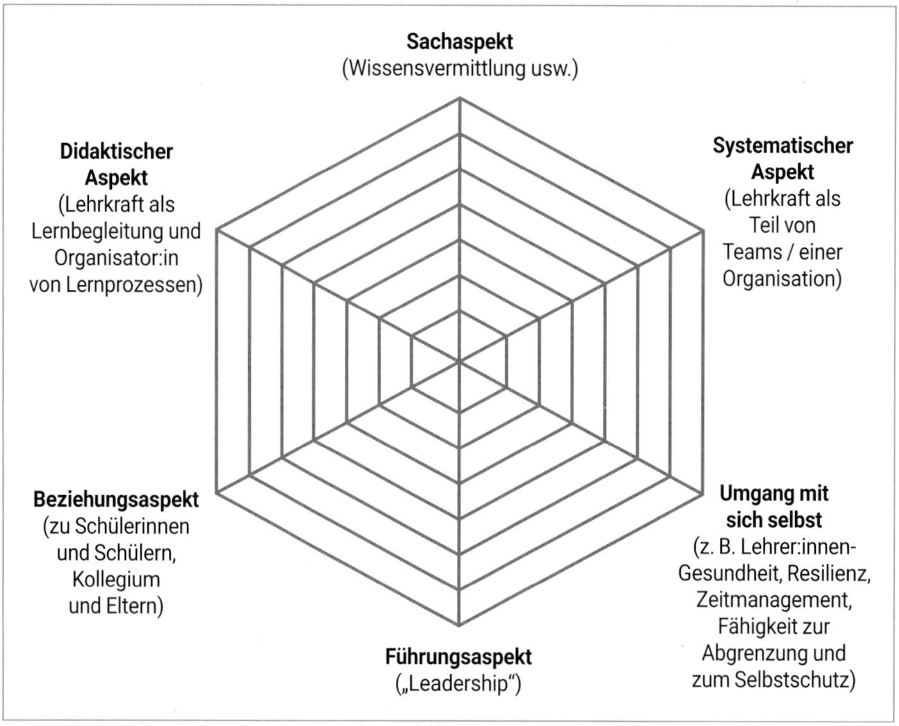

Abb. 9: Reflexion über mein Selbstkonzept (Thomas Klaffke), aus „Klasse leiten", Heft 16 / 2021, S. 14

Bei der Reflexion über das Selbstkonzept kann auch eine Dimension einbezogen werden, die in letzter Zeit mit dem Begriff der *Habitus-Sensibilität* verstärkt in pädagogischen Diskussionen aufgetaucht ist. Die Soziologin Sabrina Rutter versteht darunter die Auseinandersetzung mit der eigenen sozialen Herkunft, die Haltung zu Bildung und zu Schülerinnen und Schülern und deren sozialer Prägung. Das System Schule sei vor allem von den bildungsbürgerlichen Wertvorstellungen geprägt, z. B. was die Haltung zu Fleiß, Disziplin oder Selektion anbelange.[23] Nach meiner Erfahrung setzen Lehrkräfte oft die elterliche Unterstützung voraus, die sie selbst erfahren haben, und können sich z. B. kaum vorstellen, unter welchen Bedingungen Kinder aus bildungsfernen und sozial benachteiligten Familien Hausaufgaben machen müssen. Angesichts der immer wieder festgestellten und sich sogar verschlimmernden Ungleichheit im Bildungssystem besteht die Herausforderung darin,

23 vgl. https://deutsches-schulportal.de/schulkultur/habitussensibilitaet-warum-lehrkraefte-der-eigenen-haltung-mit-skepsis-begegnen-sollten/, recherchiert am 05.10.20223

wie Lehrkräfte benachteiligte Kinder und Jugendliche unterstützen können. Dazu habe ich vor allem im Kapitel 3 schon einiges ausgeführt. Salopp gesagt: Ermutigen, ermuntern, die Stärken dieser Schülerinnen und Schüler herausfinden und diese dann unterstützen – damit kann schon viel bewirkt werden!

B

Was Lehrkräfte durch Unterstützung bewirken können

Ich kenne einige junge Menschen, denen trotz prekärer Ausgangsbedingungen erstaunliche Bildungserfolge gelungen sind (und bei solchen mit Zuwanderungserfahrungen die soziale Integration). Beispiel eines jungen Mannes: mit 14 als unbegleiteter Geflüchteter nach Deutschland gekommen, nach einiger Wartezeit mit minimalen Deutschkenntnissen in eine 8. Hauptschulklasse aufgenommen, den Abschluss geschafft, dann den mittleren Abschluss auf einer 2-jährigen Berufsfachschule erreicht und anschließend das Abitur an einem beruflichen Gymnasium. Die Krönung: nach dem erfolgreichen Hochschulstudium in einem Technik-Fach die Promotion und dann eine gut dotierte Festanstellung. Befragt, was denn außer den eigenen Bemühungen einen solchen Weg gebahnt habe, bekomme ich in solchen Fällen immer zur Antwort, dass es Lehrerinnen und Lehrer waren, die das Potenzial dieser jungen Menschen erkannt und sie unterstützt und gefördert hätten, zum Teil mit „Gratis-Deutschstunden“ oder Nachhilfe in der Freizeit.

7.2 Professionalisierung durch Reflexion und Fortbildung

> „In der Ausbildung habe ich gelernt, wie unser Beruf im Idealfall zu bewältigen ist. In der Prüfung machten wir Unterricht mit optimalen Bedingungen, die es im Alltag nie gibt. Auf die Schwierigkeiten des Schulalltags fühle ich mich nur unzureichend vorbereitet. Hier werden wir alleine gelassen. All die ungeklärten Probleme gehen mir abends und nachts durch den Kopf.“

Diese Aussage einer Lehrerin, die sich in der Berufseingangsphase befindet, habe ich in einer meiner Fortbildungen mitprotokolliert und in ähnlicher Form von vielen anderen Lehrkräften gehört. Mir ist es übrigens auch so gegangen und ich habe versucht, mir selbst zu helfen. Ein großer Schritt war der Beginn der Teamarbeit, auf die ich im nächsten Abschnitt eingehen werde. Erster Schritt der Selbsthilfe war Austausch im Kreis des Kollegiums und im Rahmen gewerkschaftlicher Gruppen, der allerdings oft im Unverbindlichen stecken blieb (oder im Schimpfen und Klagen, was ja auch schon entlastend sein kann ...). Wirklich weitergebracht haben mich Fortbildungen und professionelle Formen der Reflexion, hier vor allem Supervisionen, kollegiale Beratung und kollegiale Unterrichtshospitation, die ich bereits an anderer Stelle ausführlich dargestellt habe (vgl. Klaffke 2022b, S. 120 ff.) und wozu man in Fachliteratur und im Netz viele Hinweise findet. Aus meiner Sicht ist die beste Möglichkeit zur Bewältigung der „Schwierigkeiten des Schulalltags" eine kontinuierliche *Supervision*, die von verantwortungsbewussten Arbeitgebern eigentlich kostenlos zur Verfügung gestellt werden müsste (ich habe sie während meiner Schulleitungstätigkeit in Anspruch genommen und meistens aus eigener Tasche bezahlt). Allerdings schreckt der Zeitaufwand und der finanzielle Aufwand viele ab, aber diesem Aufwand steht der *Erlös* gegenüber, dass man für viele Probleme eine *Lösung* findet. Es ist zu empfehlen, sich professionelle Supervisorinnen und Supervisoren, die von der Deutschen Gesellschaft für Supervision und Coaching e. V. (DGSv) zertifiziert sind, zu suchen.

Eine niedrigschwelligere Möglichkeit, die auch von Fall zu Fall ad hoc gewählt werden kann, ist die *kollegiale Fallberatung*. Hierzu ist es empfehlenswert, dass sich einige Mitglieder des Kollegiums zu Moderatorinnen und Moderatoren für diese Methode ausbilden lassen, wozu eine eintägige Fortbildung meiner Erfahrung nach ausreicht. Eine frei zugängliche Darstellung dieser Methode findet sich im Internet.[24] Eine stark vereinfachte Darstellung der Methode finden Sie im Kasten.

Kollegiale Fallberatung (stark vereinfacht)

1. Wenn die Gruppe sehr groß ist, kann man einen Innenkreis (für die Teilnehmenden der Fallberatung) und einen Außenkreis (für die Beobachtenden) bilden; im Innenkreis kann zusätzlich ein leerer Stuhl gestellt werden, auf den jemand von außen wechseln kann.
2. Die Teilnehmenden stellen Anliegen vor und wählen eines aus.
3. Der/Die Fallgebende trägt das ausgewählte Anliegen detaillierter vor / Nachfragen der Teilnehmenden.
4. Teilnehmende tragen ihre Sichtweise vor.
5. Teilnehmende stellen Lösungsideen vor (4 + 5 kann auch zusammengefasst werden – bei beiden Phasen kann zwar zurückgefragt, aber nicht kommentiert und diskutiert werden).
6. Fallgebende:r äußert, was davon hilfreich ist und was sie / er davon übernehmen oder ausprobieren will.
7. Danken.
8. Feedback zum Gespräch.

Kollegiale Unterrichtshospitation ist vor allem dann angesagt, wenn Lehrkräfte eine Beratung zu bestimmten Problemen im Unterricht einer Klasse wün-

24 https://denkmodell.de/kollegiale-fallberatung-denkmodell-methodenkoffer/, recherchiert am 15.09.2023

schen. Sinnvoll ist es dann, sich Kolleginnen oder Kollegen des Vertrauens zu suchen und vorab die gewünschten Schwerpunkte der Beobachtung festzulegen. Bei den Rückmeldungen sollte unbedingt das, was als gelungen erscheint, zuerst benannt und die Bereiche, in denen eine Weiterentwicklung wünschenswert wäre, achtsam und einfühlsam aufgezeigt werden. Einen Hospitationsbogen finden Sie unter dem Downloadmaterial Nr. 19. Auf dem Bildungsserver Brandenburg wird eine ausführliche Darstellung dieser Methode angeboten, die besonders dann Wirkung entfaltet, wenn sie mit bestimmten Teamprojekten verbunden ist, z. B. der Frage, welche Interventionen bei Unterrichtsstörungen erfolgversprechend sind.[25]

Dass *Lehrkräfte sich fortbilden*, sollte eigentlich selbstverständlich sein, besonders in schwierigen Zeiten, wie wir sie derzeit erleben. Allerdings haben nicht nur meiner Wahrnehmung nach die Fortbildungsaktivitäten deutlich nachgelassen, wobei der Hauptgrund der Personalmangel an Schulen ist. Ganztätige Veranstaltungen fallen oft aus, weil die Teilnehmenden von den Schulleitungen gebeten werden, ihre Anmeldung zurückzuziehen, damit kein Unterricht ausfällt. Aus diesem Grund melden sich viele auch gar nicht mehr an. „Ich will meine Klasse nicht alleinlassen." Wenn Fortbildungen stattfinden, dann eher nachmittags, abends oder samstags und oft online. In manchen Bundesländern wurden Fortbildungen per „order de mufti" auf die unterrichtsfreie Zeit begrenzt, was ganztägige Fortbildungen unmöglich macht. Kultusministerien und Bildungsverwaltungen, die so etwas anordnen, sägen an dem Ast, auf dem das Schulwesen wachsen sollte, denn Lehrkräfte – vor allem Seiten- und Quereinsteiger – brauchen mehr denn je Fortbildungen zur Bewältigung immer größer werdender Herausforderungen, zu denen besonders in Grundschulen Elterngespräche mit einem immer anspruchsvoller werdenden Klientel gehören – ein Thema, das ich aus Platzgründen aussparen musste, das aber auch zur Klassenführung gehört (vgl. Klaffke 2022a, S. 199 ff.). Zur Effektivität von Fortbildungen ein Rechenexempel: Verliert jede Lehrkraft durch eine schlechte Klassenführung pro Stunde drei Minuten, dann wären das pro Schuljahr ca. 80 verlorene Unterrichtsstunden …

Zum Themenspektrum dieses Buches sind oft berufsbegleitende Fortbildungen zu folgenden Aspekten notwendig, auf die in der Ausbildung von Lehrkräften nicht oder nur unzureichend eingegangen wird:

- Beziehungskompetenz (Fragen wie Empathie, Achtsamkeit, Kommunikation …);
- Körpersprache, Stimme und Präsenz;

25 https://bildungsserver.berlin-brandenburg.de/fileadmin/bbb/schule/schulentwicklung/Modellversuche_Schulversuche/kuqs/iBox_2013.pdf/, recherchiert am 15.09.2023

- Selbstkompetenz (u. a. Fragen wie Selbstkontakt, Selbstfürsorge, persönliche Grenzen und Gesundheit im Beruf);
- Classroom Management;
- Umgang mit Unterrichtsstörungen und Konflikten;
- Kommunikation mit Eltern.

Bei den folgenden Themen ist es auch möglich, dass pro Schule 2–3 Lehrkräfte an Fortbildungen teilnehmen, die dann innerschulisch als Multiplikatorinnen und Multiplikatoren fungieren: Klassenrat; Kollegiale Fallberatung; Teammoderation.

Hilfe zur Selbsthilfe

Da die Fortbildung von Lehrkräften in vielen Bundesländern so stiefmütterlich behandelt wird (oft müssen die Teilnehmenden noch etwas zuzahlen, was in der Wirtschaft undenkbar wäre!), muss man das Know-how auf anderem Wege erwerben: Fachliteratur zu lesen wie z. B. dieses Buch ist eine Möglichkeit, die dann mehr Wirkung entfaltet, wenn man die vorgestellten „Werkzeuge" ausprobiert und im Kreise des Kollegiums teilt. Klassiker auf diesem Gebiet sind die „99 Schritte zum professionellen Lehrer" (mit vielen Arbeitsmaterialien) und das „Beziehungstraining" von Reinhold Miller (s. Literaturverzeichnis). Zum Thema Selbstkompetenz ist das Buch „Hellwach und ganz bei sich" von Helle Jensen (2014) zu empfehlen. Die Zeitschrift „Klasse leiten" hat zu vielen Aspekten dieses Buches Themenhefte herausgegeben, bei denen besonders die Methoden und Werkzeuge („toolbox") Hilfen für die Praxis geben können.

Aus den schier unübersehbaren und zeitfressenden Angeboten des Internets, bei denen man oft die Qualität nicht so richtig einschätzen kann, hier ein Tipp zum Thema Körpersprache, Stimme und Präsenz: Die Universität Halle-Wittenberg bietet den kostenlosen Onlinekurs „Körper.Stimme.Haltung – Wirkungsstrategien für Lehrer:innen" an, der Erklär- und Übungsvideos sowie ergänzendes Material enthält.[26]

7.3 Kooperation und Teamarbeit

Eine nicht nur gelegentliche, sondern systematische Zusammenarbeit ist auf Klassenebene schon deshalb angesagt, weil hier abgesehen von den ersten oder zweiten Grundschulklassen mehrere Akteure das „Feld bespielen", und wenn dies mehr Gegeneinander als Miteinander ist, kann dies die Klassenführung erschweren. Beispiel: Die eine hat eine tibetanische Klangschale im

26 https://koerperstimmehaltung.zlb.uni-halle.de/, recherchiert am 15.09.2023

Rucksack, der andere zählt von 5 bis 1, um die Klasse zur Ruhe zu bringen – und was machen die Vertretungslehrkräfte? Bei den 4Rs – also Rechten, Regeln, Ritualen und Routinen – sowie bei Interventionen zur Vermeidung von Unterrichtsstörungen eine gemeinsame Linie zu finden kann ungemein entlasten und Klarheit schaffen. Und noch günstiger ist es, wenn aus Klassenteams multiprofessionelle Jahrgangsteams werden, die zudem Absprachen zum inklusiven Lernen, zur Differenzierung und Förderung, zu Curricula, sozialem Lernen, Methodenlernen, Elterngesprächen, Terminen und Vorhaben treffen. Dazu im Einzelnen:

- Klassenleitung im Tandem: Es ist schon entlastend, wenn man die Klassenleitung nicht alleine, sondern mit einer Kollegin / einem Kollegen im Tandem macht bzw. eine Stellvertretung hat und somit eine Möglichkeit zum Austausch und zur Reflexion.
- Klassenleitung in der Triade: Der Grundgedanke ist, dass die drei Hauptfachlehrkräfte zusammenarbeiten, die möglichst auch mit ihren Zweitfächern in der Klasse eingesetzt sind, sodass hier schon in 18–20 Stunden ein gemeinsames Konzept für Klassenführung entsteht. Hier und bei Tandems ist auch in Krankheitsfällen mehr Kontinuität möglich.
- Klassenleitung im Team: Alle in der Klasse Agierenden sind Teil des Teams, auch die zusätzlich eingesetzten Lehrkräfte für inklusive Beschulung, für DaZ und – wenn es Sinn ergibt und vielleicht nur von Zeit zu Zeit – auch die Integrationshelfenden und die in der Klasse tätigen Sozialpädagoginnen und Sozialpädagogen.
- Jahrgangsteams: Die Klassenteams im Jahrgang können ebenfalls kooperieren, oder es kommt zu alternierenden Terminen: in Woche A Klassenteams, in Woche B Jahrgangsteams, wobei hier in der ersten halben Stunde die alle betreffenden Themen besprochen werden und anschließend auf Fachebene kooperiert wird. Gerade für Maßnahmen zur individuellen Förderung und für Fallbesprechungen sind multiprofessionelle Teams sehr sinnvoll.

Warum kommt aber Kooperation und Teamarbeit an vielen Schulen gar nicht vor, und, wenn Einzelne sich darum bemühen, warum gibt es so viel Widerstand? Aus meiner Sicht gibt es drei wesentliche Gründe: Erstens sind viele Lehrkräfte durch das Referendariat, in dem sie permanent einer Außenbewertung unterliegen (s. Kapitel 3.7) so „gezeichnet“, dass sie froh sind, endlich die Klassentür hinter sich schließen zu können, und dass sie sich selbst nur ungern öffnen. Zweitens gibt es für Teamarbeit oft keine guten Rahmenbedingungen, keine Räume und keine Zeiten, die für alle akzeptabel sind. „Wenn ich nach meinem Unterricht drei Stunden auf die Teamsitzung warten muss und für diese Zeit keinen guten Arbeitsplatz habe, ist das eine zu große Belastung für mich", sagte mir eine Kollegin bei einer Teamberatung. Hier besteht die Aufgabe der Schulleitung und der „Stundenplan-Erstellenden" darin, Teamzeiten direkt nach Unterrichtsschluss einzubauen. An ganztägig arbeitenden Schulen kann dies ein Stundenplanband sein, das von außerschulischen Akteuren und Lernenden-Mentor:innen abgedeckt wird. Und drittens haben viele mit Teamarbeit keine gute Erfahrung und empfinden sie als Zeitverschwendung, weil die Sitzungen nicht effektiv sind. Dies ist ernst zu nehmen, zumal es ja für Teamarbeit in den allermeisten Fällen keine Entlastung durch Deputate gibt. Der Ertrag der Teamsitzungen muss höher sein als der Zeitaufwand. In Zeiten der Digitalisierung kann man ohnehin vieles Organisatorische per E-Mail, WhatsApp o. Ä. klären und vielleicht auch mal eine Besprechung per Videokonferenz abhalten.

Wie Teamarbeit effektiv gestaltet werden kann, dazu gibt es in der Literatur viele Hinweise (vgl. z. B. Klaffke 2020), und am wirkungsvollsten ist es, wenn mehrere Mitglieder des Kollegiums in Teammoderation fortgebildet sind. Mindestanforderungen sind die Einhaltung der wichtigsten Kommunikationsregeln (die wir ja auch für / mit die / den Lernende:n aufstellen), eine gemeinsame Haltung der gegenseitigen Achtung und Wertschätzung und eine klare Struktur:

- es gibt einen Themenspeicher, der schon einen Tag vorher allen bekannt ist;
- die Rollen sind klar, zumindest Moderation, Zeitwache, Protokoll;
- Festlegung der Themen mit Zeitplanung (auf einer Flipchart visualisiert);
- der vereinbarte zeitliche Rahmen wird eingehalten;
- als ersten TOP Überprüfung der Beschlüsse der letzten Sitzung und ihrer Umsetzung;
- bei jedem TOP Beschlussfassung: WAS soll von WEM bis WANN umgesetzt werden?;
- Kurzfeedback am Schluss.

Wenn die Bedingungen stimmen und die Teamarbeit effektiv verläuft und es dann immer noch welche gibt, die sich nicht beteiligen wollen, dann würde ich empfehlen: „love it or leave it". Es ist sicher kein Zufall, dass alle mit dem Deutschen Schulpreis ausgezeichneten Schulen Teamarbeit eingeführt haben.[27] Wilfried Kretschmer, der langjährige Schulleiter der preisgekrönten Robert-Bosch-Gesamtschule Hildesheim, kommt zu der Einschätzung, dass Schulen mit Teamarbeit auch besser durch die Krisenzeiten gekommen sind:

27 Ein Beispiel: die Green Gesamtschule Duisburg, zu der man auf den Seiten des Deutschen Schulservers u.a. ein Video findet: https://deutsches-schulportal.de/schulkultur/teamzeiten-im-stundenplan-eine-schule-zeigt-wie-es-geht/?utm_source=+CleverReach+GmbH+%26+Co.+KG&utm_medium=email&utm_campaign=Newsletter+KW+06%2F2022&utm_content=Mailing_13343968/, recherchiert am 05.10.2023.

> „Je höher der Grad an innerer kooperativer Struktur, desto höher ist auch der Grad an resilienter Stabilität; und je mehr Eigenverantwortlichkeit schon vorher realisiert und gelebt wurde, desto größer ist auch die systemerhaltende Fähigkeit zur Balance zwischen der Erfüllung von Vorgaben und deren Adaption an konkrete Realitäten."
>
> (Kretschmer 2020, S. 52)

Und schließlich wäre es auch ein Widerspruch in sich, dass Lehrkräfte, die den Lernenden Kooperation als elementare Kompetenz für das weitere (Berufs-)Leben vermitteln wollen, diese selbst ablehnen. Meiner Erfahrung nach färbt das gute Beispiel der Erwachsenen auf die Lernenden ab. Wenn sich im Lehrerkollegium jede:r selbst die / der Nächste ist, warum sollte es in den Klassen dann anders sein?

7.4 Gute Rahmenbedingungen für Klassenführung und Vernetzung mit außerschulischen Akteuren

In den vorhergehenden Abschnitten dürfte deutlich geworden sein, dass Klassenführung besser gelingen kann, wenn sie sich konzeptionell und alltagspraktisch in ein schulisches Konzept einfügt. Hierzu einige Hinweise:

- Es macht einen Unterschied, ob ich Grundhaltung und Werte nur als Einzelkämpfer vermitteln muss und die Kolleginnen und Kollegen andere Werte vertreten oder ob es an der Schule eine klare Grundhaltung gibt, die z. B. in Leitsätzen niedergelegt sind und die auch gemeinsam von den Erwachsenen vorgelebt wird. Ich halte nicht viel von dem Satz, dass „alle an einem Strick ziehen sollten", denn für Heranwachsende sind Unterschiede wichtig, aber es geht vor allem darum, dass sie kein Tauziehen der Lehrkräfte gegeneinander erleben. Zu einer klaren Grundhaltung von Schulen gehören einige Kernpunkte, z. B. Achtung der Menschenwürde und Abgrenzung gegen Nazisprüche, gegen gruppenbezogene Menschenfeindlichkeit wie Antisemitismus und antimuslimischen Rassismus.
- Es macht einen Unterschied, ob nur „mein" Klassenraum ansprechend und lernförderlich oder ob die gesamte Schule als lernfreundliche vorbereitete Umgebung gestaltet ist. Nach meiner Erfahrung nehmen auch Verschmutzungen und Zerstörungen ab, wenn Wert auf ein gepflegtes und ästhetisch schön gestaltetes Schulgebäude gelegt wird und wenn die Schülerinnen und Schüler dabei mit ins Boot geholt werden. Schülervertretungen lassen sich in der Regel z. B. dafür gewinnen, dass die Toilettenanlagen in einen ordentlichen Zustand versetzt werden und darauf geachtet wird, dass dies so bleibt.
- Es macht einen Unterschied, ob Partizipation nur in meiner Klasse praktiziert wird oder ob sie in der gesamten Schule gelebt wird: Grundschul-

parlamente, Vertretungen der Schülerinnen und Schüler, die auch an Gesamt- und Schulkonferenzen teilnehmen, Versammlungen der Lernenden u. v. m. können Elemente einer solchen Kultur sein.
- Wesentliche Rahmenbedingungen wurden schon genannt: Klassenleitungsstunde (in Eingangsklassen möglichst zwei), Klassenleitungsprinzip (d. h., dass die Klassenleitungen mit all ihren Fächern und der KL-Stunde in ihrer Klasse eingesetzt sind) und Stundenplanbänder für Teamarbeit. Dies alles zu gewährleisten ist Aufgabe der Schulleitungen.
- An vielen Schulen ist eine personelle Unterstützung der Klassenleitung durch multiprofessionelle Kräfte aus der Sonder- und Sozialpädagogik, DaZ-Lehrkräfte sowie Integrationshelferinnen und -helfer unerlässlich. In vielen Klassen ist eine Doppelbesetzung schon aus Sicherheitsgründen unerlässlich, wenn z. B. ein chronisch krankes Kind vorübergehend außerhalb des Klassenraums betreut werden muss oder eine Schülerin bzw. ein Schüler nicht mehr in der Lage ist, am Unterricht innerhalb des Klassenverbandes teilzunehmen (s. Kapitel 5). Dass ausgerechnet Schulen in prekären Lagen die Hauptlast der Inklusion ohne entsprechende personelle Ausstattung aufgeladen wird, ist ein Skandal. Betroffenen Lehrkräften ist unbedingt zu empfehlen, Überlastungsanzeigen zu schreiben und sich mit Personal- und Elternvertretungen sowie Berufsverbänden zusammenzuschließen, um eine verbesserte personelle Ausstattung zu erreichen.
- Quer- und Seiteneinsteigende und auch Lehrkräfte in der Berufseingangsphase brauchen meistens Unterstützung, und es gibt dafür vielerorts auch Mentorinnen und Mentoren, die allerdings für ihre Arbeit Entlastungsstunden erhalten müssen.

Genauso wie die einzelnen Lehrkräfte einen guten Rahmen innerhalb ihrer Schule brauchen, brauchen die Schulen eine *Vernetzung mit außerschulischen Akteuren*, auch um genügend personelle und eventuell auch finanzielle Ressourcen zu erhalten und um die Schule als Lebens- und Lernraum zu gestalten. Das gilt besonders für ganztägig arbeitende Schulen, bei denen der Ganztag mehr ist als nur eine Verlängerung des vormittäglichen schulischen Lernens in den Nachmittag hinein und für die daher eine Kooperation mit Trägern der Kinder- und Jugendarbeit, Vereinen, kulturellen Einrichtungen usw. sinnvoll ist. Hier zu einer guten Kooperation möglichst in multiprofessionellen Teams zu kommen und die auf beiden Seiten bestehenden Vorbehalte auszuräumen, ist dabei eine Herausforderung. Für die Einzelhilfe ist eine Zusammenarbeit mit Schulpsychologie, Einrichtungen der Jugendhilfe, Fachärzt:innen, Kliniken und Beratungsstellen sowie Jugendämtern wichtig und es ist sehr nützlich, wenn man den Eltern bei Beratungsgesprächen ein Verzeichnis dieser Einrichtungen überreichen kann. Schulen in prekärer Lage können die vielfältigen Herausforderungen nicht allein schultern. Eine Kooperation mit Trägern der Jugendhilfe im Rahmen des SGB VIII (Sozialgesetzbuch Kinder und Jugendhilfe – achtes Buch) ist daher unerlässlich.

B

Kooperation mit Trägern der Jugendhilfe konkret

Robin aus der 8. Hauptschulklasse bereitete uns immer wieder große Probleme. Er schaffte es selten, einen Schultag ohne körperliche Auseinandersetzungen zu verbringen. Auf dem Weg in die Pause verteilte er Kopfnüsse, Rempler und Schlimmeres. Das Klassenteam hatte die gesamte Palette der Interventionsmöglichkeiten versucht – ohne Erfolg. Im Interesse der Sicherheit der anderen musste er tage- oder wochenweise vom Unterricht suspendiert werden, was wenig sinnvoll erschien, denn bei ihm zu Hause war die Situation, vorsichtig ausgedrückt, ziemlich chaotisch. Anfragen an das Jugendamt, ob er in einer stationären Einrichtung der Jugendhilfe aufgenommen werden könnte, blieben ohne Erfolg, es gäbe nicht genug Plätze dafür. Die Situation änderte sich schlagartig, als wir im Rahmen der Ganztagsschulentwicklung eine Kooperation mit einem Träger der Jugendhilfe begannen, der nicht nur die Angebote für den Nachmittag übernahm, sondern auch Tagesgruppen anbot, in denen Schülerinnen und Schüler wie Robin aufgenommen werden konnten, die hier nicht nur eine Möglichkeit bekamen, in betreuten Kleingruppen an ihren schulischen Aufgaben zu arbeiten, sondern auch sinnvolle Freizeitangebote wie z. B. eine Holzwerkstatt erhielten. Wir hatten nicht mehr das Gefühl, ihn abzuschieben, sondern eine Alternative anbieten zu können, die für ihn in seiner Situation besser passen konnte.

Solche Träger der Jugendhilfe können nicht nur Tagesgruppen anbieten, sondern auch soziale Gruppenarbeit nach der Schule, sozialpädagogische Familienhilfe, Erziehungsbeistandschaft, Erziehungsstellen (hier werden Kinder und Jugendliche bei qualifizierten Familien betreut) u. v. m. Der große Vorteil ist, dass man hier die notwendige Unterstützung in der Schule mit der Unterstützung in Freizeit und Familie und z. T. sogar therapeutischen Hilfen verbinden kann.[28]

7.5 Selbstwirksame Schule

Genauso wie Selbstwirksamkeitsüberzeugung für Kinder und Jugendliche ein wesentlicher Faktor zur Entwicklung von Resilienz werden kann, ist Selbstwirksamkeitsüberzeugung für Lehrkräfte eine wichtige Kompetenz, um die

28 Ein Beispiel für einen solchen Jugendhilfeträger findet man unter https://hebelheim.de/, recherchiert am 05.10.2023.

Herausforderungen des Berufs bewältigen zu können. Wenn man damit nicht alleine bleibt, sondern Gleichgesinnte findet, kommt es nicht nur zu einer Addition, sondern auch Multiplikation der Kompetenzen. Gut ist es, wenn man in „seiner" eigenen Klasse das verwirklichen kann, was man für sinnvoll hält; besser ist es, wenn man das im gesamten Jahrgang umsetzen kann, und am besten ist es, wenn sich ein gesamtes Kollegium auf den Weg zu einer guten Schule macht. Hierfür ist aber die Leitung unbedingt notwendig.

Viele mit dem Deutschen Schulpreis ausgezeichnete Schulen zeigen, dass man hierfür nicht unbedingt besondere Ressourcen und Mittel braucht, sondern vor allem eine gemeinsame Überzeugung und gemeinsame Ziele. „Menschen machen Schule" ist der Titel eines bemerkenswerten Buches, das viele Beispiele für gelungene Schulentwicklung beschreibt (Schratz/Michels/Wolters 2021). Gemeinsamkeit aller hier porträtierten Schulen ist, dass sie eine gemeinsame Grundhaltung gefunden haben und einen Umgang mit der zunehmenden Heterogenität der Schülerschaft durch differenzierte Lernangebote. Hierbei werden unterschiedliche Akzentuierungen deutlich, wie z. B. fachübergreifende Projektphasen, Lernen mit digitalen Medien, kulturelle Schwerpunkte (Theater, Musik, Kunst – auch mit neuen Medien), Gesundheitsprävention mit Sport- und Bewegungsangeboten, Sprach- und Leseförderung (z. B. durch den Ausbau der Schulbibliotheken und -mediotheken), handlungsorientiertes Lernen in Werkstätten, Schulgärten und Schulzoos. Dies ist nur eine kleine Auswahl. Alle diese Schulen haben Teamstrukturen und viele bemühen sich auch um Partizipation der Lernenden sowie um die Einbeziehung der Elternschaft.

Es ist keineswegs so, dass diese Schulen immer besondere Startchancen wie z. B. besser ausgestattete Modellversuche hatten, und besonders beeindruckend finde ich es, wenn Schulen in schwieriger Lage (die man oft mit dem aus meiner Sicht diskriminierenden Begriff „Brennpunktschulen" bezeichnet) sich so gut weiterentwickelt haben, dass sie in den Kreis der Kandidaten des Schulpreises aufgenommen wurden. In meinem Umfeld ist ein Beispiel die Gemeinschaftsschule auf dem Boxberg in Heidelberg, die besonders in Kreisen des gymnasialen Klientels oft als „Asi-Schule" diskriminiert wurde und die dann die „Elite-Gymnasien" sozusagen rechts überholt hat. Ein weiteres Beispiel ist die Grund- und Stadtteilschule Alter Teichweg in Hamburg, die in der Coronazeit durch die YouTube-Show „Dulsberg Late Night" bekannt wurde und damit für die Schulgemeinde eine Art „digitales Lagerfeuer" schuf. Diese Schule mit inklusivem Schwerpunkt, individualisierten Lernangeboten und umfassender Digitalisierung hat im Laufe der Jahre ein preisgekröntes Ganztagsschulprojekt in Kooperation mit Trägern der Jugendarbeit entwickelt, wurde zu einer Eliteschule des Sports und bietet internationale Vorbereitungsklassen für das Deutsche Sprachdiplom und vieles mehr an, z. B. das Fach LebensArt (der Kunst des Lebens). Sicher hat hierbei der

Schulleiter eine besondere Rolle gespielt, aber ich kenne auch viele Schulen, die sich in Zeiten von vakanten Schulleitungsstellen weiterentwickeln konnten, weil die Kollegien gut kooperiert haben.

Ich finde solche Entwicklungen bemerkenswert, weil gerade Schulen in schwierigen Lagen von den politischen Entscheidungsträgern oft alleingelassen werden. Für diese Schulen ist es daher wichtig, dass sie ideelle, logistische und finanzielle Unterstützung von anderer Seite erhalten. Ein bekanntes Beispiel ist die ehemalige Rütli-Schule in Berlin-Neukölln, die sich mit verschiedenen Förderprogrammen zu der Modellschule Campus Rütli entwickelt hat. Ohne Förderprogramme und ohne Unterstützung von Stiftungen wäre dies nicht möglich gewesen.[29] Einige davon sind im folgenden Kasten aufgelistet.

- *„Ein Quadratkilometer Bildung"* der Freudenberg Stiftung ist ein Modellprogramm zur sozialraumorientierten Schulentwicklung, das derzeit in 13 Projekten umgesetzt wird und die Bildungsakteurinnen und -akteure eines Quartiers zu einer „lokalen Verantwortungsgemeinschaft" vernetzt.[30]
- Das christliche Kinderprojekt *„Die Arche"* hilft Kindern, Jugendlichen und Familien in benachteiligter Lage z. B. bei Bildungsförderung.[31]
- Die *Roland Berger Stiftung* bietet benachteiligten Kindern und Jugendlichen aus 70 Partnerschulen ein Stipendium an.[32]
- Die *Stiftung Bildung* hat das Ziel, die Bildungschancen für Kinder und Jugendliche zu verbessern. Sie ist aus einem bundesweiten Netzwerk der Fördervereine an Schulen und Kindergärten entstanden und finanziert sich ausschließlich aus privaten Spenden.[33]
- Auf der Website des Netzwerkes Stiftungen und Bildung kann man mit dem „Nettie-Finder" Stiftungen ausfindig machen, die im Bildungsbereich aktiv sind.[34]
- Einen Überblick zu und eine kritische Auseinandersetzung mit den Aktivitäten privater Stiftungen – manche davon sind durchaus fragwürdig – findet man in einem Dossier der Bundeszentrale für Politische Bildung.[35]

29 vgl. https://deutsches-schulportal.de/schule-im-umfeld/campus-ruetli-cordula-heckmann-wir-koennen-es-uns-nicht-leisten-kinder-zu-verlieren/?utm_source=+CleverReach+GmbH+%26+Co.+KG&utm_medium=email&utm_campaign=Newsletter+KW+12%2F2023&utm_content=Mailing_14312147/, recherchiert am 15.09.2023

30 vgl. https://www.km2-bildung.de/ueber-die-stiftung/programm/, recherchiert am 15.09.2023

31 https://www.kinderprojekt-arche/, recherchiert am 15.09.2023

32 https://www.rolandbergerstiftung.org/, recherchiert am 15.09.2023

33 https://www.stiftungbildung.org/, recherchiert am 15.09.2023

34 https://www.netzwerk-stiftungen-bildung.de/, recherchiert am 15.09.2023

35 https://www.bpb.de/themen/bildung/dossier-bildung/199165/stiftungen-die-neuen-player-in-der-bildungspolitik/, recherchiert am 15.09.2023

Aber man muss realistisch bleiben: Nicht alle Schulen, die dringend eine Förderung bräuchten, können von solchen Stiftungen unterstützt werden. Außerdem ist das Verfassen von Projektanträgen zeitaufwendig und frustrierend, wenn man damit keinen Erfolg hat. Die politischen Verantwortungsträger dürfen hier nicht aus der Verantwortung entlassen werden, endlich etwas dafür zu tun, dass Kinder und Jugendliche aus bildungsfernen Familien die gleichen Chancen bekommen wie die anderen. Das Programm *„Startchancen"* muss endlich auf den Weg gebracht werden. Hierfür hat der am Wissenschaftszentrum Berlin tätige Forscher Marcel Helbig eine wichtige Vorarbeit geleistet, indem er die Armutsquoten in den Einzugsbereichen aller öffentlichen Schulen mit Grundschulzweig zugrunde gelegt hat und daraus abgeleitet hat, wie die Mittel des Startchancenprogramms verteilt werden müssten, wenn man allein die Armutsquoten im schulischen Umfeld heranzöge.[36] Von einer Verteilung der Mittel nach dem „Königsteiner Schlüssel", also nach dem Gießkannenprinzip, würden nämlich auch Schulen profitieren, die eine solche Förderung nicht brauchen.

Zum Schluss

Am Ende des Schuljahres 2022/2023 scheint oberflächlich betrachtet alles wieder in Ordnung zu sein: Die Schulen blieben geöffnet, die Prüfungen wurden abgehalten und die Abschlussfeiern fanden statt. Das soziale Leben ist fast wieder normal. Große Teile der Öffentlichkeit beschäftigt das schlechte Abschneiden der deutschen Fußballerinnen und Fußballer mehr als die Bildungskrise. Allerdings gehe ich davon aus, dass nach den Sommerferien die Probleme wieder deutlich werden, vor allem die Personalnot an KiTas und Schulen. Kein Mensch wünscht sich neue Infektionswellen, aber wenn sie im Winter erneut auftreten, werden sie viele Eltern (auch Lehrkräfte-Eltern!), die auf verlässliche Betreuung ihrer Kinder angewiesen sind, wieder in schwierige Situationen bringen.

Für die einzelne Lehrkraft wird es mehr denn je darauf ankommen, die eigene Resilienz zu stärken, um sich die Freude am Beruf zu erhalten und sinnhaftes Arbeiten zu ermöglichen. Für Kinder und Jugendliche ist es wichtig, dass sie ihre Klasse als sicheren Ort erleben. Genauso wichtig ist, dass sie in ihrer Schule einen sozialen Lern- und Lebensraum finden, in dem sie sich eingebunden fühlen, Freundschaften schließen, ihre Kompetenzen entwickeln und Partizipationsmöglichkeiten wie auch Angebote für Freizeitgestaltung in Ganztagsschulen erhalten. Sich in diese Richtung weiterzuentwickeln ist für Schulen ein herausfordernder, aber auch sinnstiftender Prozess. Abschließend dazu zwei Zitate:

36 https://wzb.eu/de/pressemitteilung/mehr-geld-fuer-schulen-in-den-aermsten-nachbarschaften, recherchiert am 15.09.2023

„Es geht darum, Neugier und Wissensdurst zu wecken, den Intellekt für Neues zu öffnen. Es geht um Mitgefühl, darum, die Herzen zu öffnen. Und es geht um Mut, um die Fähigkeit, unsere kognitiven, sozialen und emotionalen Ressourcen zu mobilisieren. Das werden auch unsere besten Mittel gegen die großen Bedrohungen unserer Zeit sein: die Ignoranz, der verschlossene Verstand, der Hass, das verschlossene Herz und die Angst, der Feind von Handlungsfähigkeit." (Andreas Schleicher, OECD-Lernkompass 2030)

„Wir brauchen [...] eine gesunde Schule, die uns [...] beim Über- und Weiterleben begleitet, eine Schule der Freiwilligkeit und Sinnhaftigkeit, keine Schule, die man absitzt: nicht nur eine Schule als Lernort, keine Schule *für* das Leben, sondern eine Schule als Lebensort." (Miller 2022, S. 15)

Literatur

Eingangszitat aus Schratz, Michael u. a.: Menschen machen Schule, S. 315.

Haag, Ludwig / Kiel, Ewald / Trautmann, Matthias / Zierer, Klaus (Hrsg.) (2015): Jahrbuch für allgemeine Didaktik 2015. Schneider Verlag Hohengehren: Baltmannsweiler.

Jensen, Helle (2014): Hellwach und ganz bei sich. Achtsamkeit und Empathie in der Schule. Weinheim und Basel: Beltz.

Klaffke, Thomas (2020): Klasse im Team leiten. Die Ressourcen aller nutzen. In: Klasse leiten, Heft 12/2020, S. 4f.

Klaffke, Thomas (2021): Das professionelle Selbstkonzept von Lehrkräften weiterentwickeln. Die eigene Rolle finden, reflektieren und weiterentwickeln. In: Klasse leiten, Heft 16/2021, S. 12ff.

Klaffke, Thomas (2022a): Klassen führen. Klassen leiten. Beziehungen, Lernen, Classroom Management. 3. Aufl. Hannover: Klett Kallmeyer.

Klaffke, Thomas (2022b): Unterrichtsstörungen – Prävention und Intervention. Möglichkeiten und Chancen einer ressourcenorientierten Pädagogik. 2. Aufl. Hannover: Klett Kallmeyer.

Kretschmer, Wilfried (2020): Was Schulleitung (auch) aus Corona lernen kann. Selbsttätigkeit und Kooperation als Herausforderungen für die Zukunft. In: Schule leiten, Heft 21/2020, S. 50ff.

Largo, Remo (2018): Das passende Leben: Was unsere Individualität ausmacht und wie wir sie leben können. Frankfurt: S. Fischer.

Menges, Robin (2019): SelbstWertGefühl. Ein Handbuch zur Stärkung von Kindern und Jugendlichen. Steyr: Ennsthaler.

Miller, Reinhold (2004): 99 Schritte zum professionellen Lehrer. Erfahrungen, Impulse, Empfehlungen. Seelze: Kallmeyer'sche Verlagsbuchhandlung.

Miller, Reinhold (2015): Beziehungstraining. 50 Übungseinheiten für die Schulpraxis. Weinheim und Basel: Beltz.

Miller, Reinhold (2022): Das kranke Schulsystem und seine Gesundung. Norderstedt: Books on Demand.

OECD-Lernkompass 2030. OECD-Projekt Future of Education and Skills 2030. Rahmenkonzept des Lernens: https://www.oecd.org/education/2030-project/contact/OECD_Lernkompass_2030.pdf/, recherchiert am 15.09.2023.

Schratz, Michael / Michels, Inge / Wolters, Angelika (Hrsg.) (2021): Menschen machen Schule. Mutig eigene Wege gehen. Seelze: Klett-Kallmeyer.

Danksagung

Auf dem Umschlag steht (m)ein Name, aber die Entwicklung und Realisierung eines solchen Buches ist mit einem diskursiven Prozess verbunden, der ohne Mitdenken und Mitwirken anderer nicht zu einem erfolgreichen Abschluss gekommen wäre.

Zuallererst möchte ich meiner Frau Klaudia Klaffke danken, die mir nicht nur Gesprächspartnerin für vertiefte Fragestellungen vor allem zur Selbst- und Beziehungskompetenz war, sondern die auch das Manuskript sorgfältig gegengelesen hat und mich vor Fehlschlüssen bewahrt und zur Klärung etlicher Passagen beigetragen hat.

Hinweise zum Manuskript verdanke ich auch Reinhold Miller und Michael Schratz.

Wichtig für die Entstehung dieses Buches war das Team der Zeitschrift „Klasse leiten“: Kati Ahl, Birte Friedrichs, Kirsten Hellwege, Nikola Poitzmann und Mike Zergiebel. Hier haben wir versucht, für die sich in und nach der Coronapandemie deutlich gewordenen Herausforderungen in Bezug auf Klassenführung und Klassenleitung konstruktive Lösungsvorschläge und Hilfen für die Praxis in den Klassenzimmern zu finden. Diese konnte ich teilweise in meiner (ehrenamtlichen) Tätigkeit in dem 6. Jahrgang (Schuljahr 2022/2023) der Elsenztalschule Bammental erproben und dabei gleichzeitig Einblicke in den Schulalltag gewinnen. Dafür danke ich dem Lehrkräfteteam, den Schülerinnen und Schülern und dem Schulleiter Sascha Lieneweg. Die Gespräche mit ihm vermittelten mir etliche Denkanstöße, die ich auch von Teilnehmenden meiner Fortbildungsveranstaltungen erhielt.

Danken möchte ich auch einer jungen Studentin, die mir im März 2023 auf einer Zugfahrt in den Süden einige wichtige Hinweise zur Situation schüchterner und zurückgezogener Schülerinnen und Schüler aus eigener Erfahrung gab. Leider habe ich ihre Adresse verlegt.

Ein solches Buch kann nur Gestalt annehmen durch die Menschen, die in dem Verlag arbeiten, der es herausgibt. Ein großes Dankeschön geht an Gabriela Holzmann, die meine Idee von Anfang an wohlwollend aufgenommen und deren Konkretisierung mit vielen hilfreichen Impulsen unterstützt hat. Danken möchte ich auch meinem Lektor Dirk Haupt für die konstruktive Zusammenarbeit sowie allen in Gestaltung und Herstellung Tätigen.

Kommunikation verbessern – Störungen entgegenwirken

THOMAS KLAFFKE

Unterrichtsstörungen – Prävention und Intervention

Möglichkeiten und Chancen einer ressourcenorientierten Pädagogik

16 cm x 23 cm, 238 Seiten + Downloadmaterial

978-3-7727-1392-7, € 24,95

Unterrichtsstörungen sind für Lehrkräfte belastend. Die Ursachen liegen oft im Verhalten der Schülerinnen und Schüler. Auch das Agieren der Lehrkräfte und ein wenig motivierender Unterricht können die Quelle solcher Störungen sein. Das Buch zeigt fünf wesentliche Ansatzpunkte zur Prävention von Störungen: den Unterricht, die Gestaltung der Beziehungen zu den Lernenden, eine professionelle Selbstkompetenz, die Klassenführung und die Zusammenarbeit der Fachleute. Darüber hinaus vermittelt es ein Handlungsrepertoire für niederschwellige Maßnahmen und für den Umgang mit schwerwiegenden Störungen und Konflikten in der Klasse sowie für Schulen in „sozialen Brennpunkten“.

Fachbuch

Alle Preise zzgl. Versandkosten, Stand 2023.

Die Downloadmaterialien enthalten zahlreiche Arbeitsblätter und vertiefe[nde] Materialien für Ihren Unterricht.

Unser Leserservice berät Sie gern:
Telefon: 05 11/4 00 04 -150
Fax: 05 11/4 00 04 -170
leserservice@friedrich-verlag.de

www.klett-kallmeyer.de

Wie Eltern zu Partnern werden

MATTHIAS BARTSCHER

Bildungs- und Erziehungspartner-schaften in Schulen (Band I)

Zusammenarbeit mit Eltern lebensweltorientiert planen und gestalten

16 cm x 23 cm, 200 Seiten + Downloadmaterial

978-3-7727-1520-4, € 24,95

Wie kann die schulische Zusammenarbeit mit Eltern zu echten Bildungs- und Erziehungspartnerschaften weiterentwickelt werden? Erst aus einem Verständnis der unterschiedlichen Lebenswelten der Eltern und echter Empathie kann eine gute und wirkungsvolle schulische Kooperation mit ihnen gelingen. Daher bietet der Band zunächst eine eingehende Analyse der vielfältigen Lebenswelten von Familien. Auf dieser Basis folgen Kriterien für professionelles Handeln, Qualitätsmerkmale für eine gelingende Zusammenarbeit und Instrumente für die Schulentwicklung mit dem Fokus „Elternarbeit". Komplettiert werden die Ausführungen durch rechtliche Hinweise und Verfahrensvorschläge beim Verdacht einer Kindeswohlgefährdung.

Fachbuch

Alle Preise zzgl. Versandkosten, Stand 2023.

Die Downloadmaterialien enthalten zahlreiche Arbeitsblätter und vertiefende Materialien für Ihren Unterricht.

Klett Kallmeyer

Unser Leserservice berät Sie gern:
Telefon: 05 11/4 00 04 -150
Fax: 05 11/4 00 04 -170
leserservice@friedrich-verlag.de

www.klett-kallmeyer.de

Unter **www.friedrich-verlag.de** finden Sie Materialien zum Buch als Download.
Bitte geben Sie den achtstelligen Downloadcode in das Suchfeld ein.

DOWNLOADCODE: **d31756kd**

Hinweis:

Das Downloadmaterial enthält Arbeitsblätter, Checklisten und Materialien / Kopiervorlagen, die Sie bei der Vorbereitung Ihres Unterrichts unterstützen und/oder Ihnen vertiefende Hintergrundinformationen liefern. Bei einigen dieser Materialien ist eine Anpassung an die jeweilige Situation der Klasse oder Schule sinnvoll.

Durch den Kauf dieses Buches (ISBN 978-3-7727-1756-7) haben Sie das Recht erworben, das ergänzende Downloadmaterial in Ihren derzeitigen und zukünftigen Lerngruppen und Klassen einzusetzen und zu vervielfältigen. So können Sie etwa einzelne Seiten ausdrucken und verteilen oder mit Beamer oder Whiteboard verwenden.

Was Sie **nicht** dürfen:

- Das Downloadmaterial oder Teile davon an Kolleginnen und Kollegen weitergeben.
- Das Downloadmaterial oder Teile davon in Netzwerke einstellen, wie etwa Schulserver oder Cloud-Systeme, sodass Kolleginnen und Kollegen darauf Zugriff erhalten.
- Die Lizenzinformation und Quellenhinweise auf dem Downloadmaterial entfernen.
- Bei einer Bibliotheksausleihe des Buches das Downloadmaterial herunterladen.

Bitte tragen Sie im Sinne dieser Lizenz dazu bei, dass wir weiterhin digitales Ergänzungsmaterial für Lehrerinnen und Lehrer bereitstellen können. Der Verlag behält sich dabei vor, auch gegen urheberrechtliche Verstöße vorzugehen.

Unsere Autorinnen und Autoren sowie der Verlag wünschen Ihnen viel Erfolg bei der Nutzung der Materialien!

Haben Sie Fragen zum Download? Dann wenden Sie sich bitte an den Leserservice der Friedrich Verlags GmbH. Schreiben Sie uns oder rufen Sie uns an!

Sie erreichen unseren Leserservice
Montag bis Donnerstag von 8 – 18 Uhr
Freitag von 8 – 14 Uhr
Tel.: 0511/40004-150
Fax: 0511/40004-170
E-Mail: *leserservice@friedrich-verlag.de*

Wir freuen uns über Ihre Rückmeldung und helfen Ihnen gerne weiter!